一部中国式的《爱的教育》

何夏寿
教育散文精品

何夏寿 著

爱满教育

上海教育出版社
SHANGHAI EDUCATIONAL PUBLISHING HOUSE

图书在版编目(CIP)数据

爱满教育 / 何夏寿著. —上海：上海教育出版社,2015.11
ISBN 978-7-5444-6598-4

Ⅰ.①爱… Ⅱ.①何… Ⅲ.①小学教育—通俗读物
Ⅳ.①G62-49

中国版本图书馆CIP数据核字(2015)第259979号

责任编辑 杨文华
封面设计 周　亚

爱满教育
何夏寿　著

出　　版	上海世纪出版股份有限公司
	上海教育出版社
	易文网 www.ewen.co
发　　行	中国图书进出口上海公司

版　　次　2015年11月第1版

书　　号　ISBN 978-7-5444-6598-4/G·5431

爱是最高级的教育(序)

方卫平

我与何夏寿老师相识多年,三年前知道他开始写散文,而且写得很好。第一次读到他那篇写母亲的文字,我深为感动的同时,也颇有些惊喜。在我的印象中,夏寿是一位聪敏、勤奋、富有创造性的小学语文教师,我没有想到,散文里的他还有着如此细腻、动人的文笔和情思。

他的散文擅写人事,尤其擅长于普通的生活事件中书写令人难忘的性格与感人至深的情感。他不以文辞的华美吸引读者,他写母亲,写父亲,写姐姐,写身边的师长、同事或挚友,大多用的是很日常的笔墨。这些平白如话的文字,读来总是一派素朴,甚至不无朴拙之感。然而,就在这甚少雕饰的字里行间,却蕴含和传递着一份至为真诚的情感,并呈现出一份力透纸背的深情或思考。

很多时候,深深打动我们的正是这情感的内核。在《母亲,我的教育家》中,作者并不以高亢的笔墨大写母亲的形象,而是在一个目不识丁的乡村底层妇人最平凡的言行中,书写着一位母亲如何以其天性的善良和母性的本能,使"我"领悟到终身受益的教育真谛。《姐姐许到后门头》中的小姐姐,真是一个普普通通的邻家女孩,她的懂事,她对弟弟的护爱,都出自一个姐姐淳良而温柔的天性。也正因如此,她的那一记责备"我""眼浅"的巴掌,以及那一句看似简白的"人情一辈子"的告诫,才显出其尤为珍贵的纯朴。《老师领我进了门》《老乡金近》等文,写自己敬重的老师和长辈,话里话外一点儿不掩饰当年浓重的青涩与自卑。从作者的文字里,我们感觉不到一个作为特级教师回望来路的丝毫自得,倒是仍觉得,这仿佛还是当年那个初出茅庐的小伙子向我们坦然诉说着这段温暖人心的记忆,他对长者知遇之恩的感激和铭记,也一如既往地单纯而真诚。

如果说在这样怀人记事的散文中,最打动我们的是那份厚重、深挚的亲情、师情,那么在《"俗人"不俗》这样的散文里,我们则看到了作家对于日常生活和人性的宽容洞察与欣赏。散文由校园和教师的寻常生活写来,将这一生活之"俗"叙写至淋漓尽致。然而,就在这俗极了的生活之中,作者看到并写出了俗世生活和人性"不落俗"的光华:稻粱谋中的责任意识,小急智中的磊落情怀,调笑背后的体贴温暖,不满之间的宽容释怀,等等。

窃以为,夏寿的散文其实也不无这样的"俗"味儿。从这些他名之为"教育散文"的篇什中,我们读到的不是有关教育与教育者的高阔辞令,而是一个教育工作者——或者说,一个常人——真实、寻常的世俗生活。他笔下的人事大多属于凡俗人生,就连叙写教师的生活,也毫不回避个中俗意。教师也是人,也要找工作,下馆子,唱KTV,也会为了世俗欲望和追求的得失而欢喜沮丧……然而,可贵的是,作者能从这"大俗"中见出、写出某种"大雅"的蕴含。不论生活多么难以免"俗",我从夏寿的散文中感受到的总是人生的豁达、人心的淳善以及人情的温暖。很多时候,生活愈是落俗,那孕育和留存于其中的脱俗的光芒,愈是使人感叹而振奋。正因此,他笔下的这些人事读来总是如此亲切平实,朴质无华,又常饱含令人震动的力量。

夏寿所说"教育散文",其中的"教育"一词,我理解为情感教育。读者从他的文字中感受日常生活和人情之美,确乎是一种情感的荡涤。而这一情感的核心,说到底,还是人心中那份单纯的善念与爱。譬如"我"的母亲从她有限的乡土表达词汇中总结出的那句"只要对小人(方言,小孩子)好,书便可教好的",譬如姐姐以其质朴的话语教给"我"的那句"一块钱是用得光的,一个人情是一辈子的"。这些俗而又俗的语言道出的不是高悬于我们生活之上的大道理,而就来自于人的最平常、最真实的生活,但它所传递的善意与爱意,使这平凡的俗世生活拥有了一种自然、醉人的光彩,也使教育这一行当拥有了一份诗意、温暖的美学。

事实上,教育本身也是一桩由大俗中行大雅的事情。尤其对于那些最基层的教育工作者而言,崇高、神圣的教育精神标签有时未免显得过于遥远,更多的时候,他们的每一天与所有普通人一样,也为世俗生活的欲望和悲喜所缠绕,也经受着这一生活的各种塑造与考验。教育并非要求教育者抛弃这一世俗生活的权利,而是愿他们在世俗生活中仍能坚持"教育"一词最核心的精神,即将个体导向人的一种更好、更完整的存在状态。我们今天越来越意识到,在这一引导过程中,情感的陶冶和教育或许扮演着某种至为核心的角色。我猜想,这也是夏寿以"教育散文"命名自己这些文字的初衷之一。

一个多世纪前,意大利作家亚米契斯完成了著名的《爱的教育》一书。将近一个世纪前,同为上虞籍的现代作家夏丏尊先生将它翻译为中文出版。我以为,夏寿将自己的这本散文集题名为《爱满教育》,除了表达自己的教育理念、写作情怀之外,自然也包含了对先贤的钦慕致敬之意。《爱的教育》的意大利文原书名,中文直译作"心",它的意思很明白,唯有教育者对孩子发自内心的"爱",才是走向教育的最佳途径,也唯有那被唤醒的内心之"爱",才是教育的最好结果。从这个意义上说,夏寿的这些散文在其真诚的情感书写中,也继承和延续着亚米契斯《爱的教育》的精神。

2015 年 7 月 25 日夜于浙师大丽泽湖畔
(作者系浙江师范大学教授、博士生导师)

目　录

第一章　亲情久久　/ 1
母亲，我的教育家　/ 1
戏文里的父亲　/ 7
儿子如镜　/ 16
嫁给教育　/ 23
姐姐许到后门头　/ 30
我的哥哥叫"强盗"　/ 37

第二章　童年的小摇车　/ 47
我的摇篮　/ 47
我真的没偷　/ 55
拨快时钟　/ 58
我真的会飞了　/ 62
铅笔头　/ 66
船到桥门总会直　/ 71
我与戏文　/ 78

第三章　师恩如山　/ 86
我的老师周一贯　/ 86
老师领我进了门　/ 93
拔河　/ 101
"我去说说看"　/ 106

第四章　有你真好　/ 111
　　我的外接"主板"　/ 111
　　"俗人"不俗　/ 120
　　长大还唱《泥娃娃》　/ 130
　　老黄　/ 135

第五章　亲爱的小孩　/ 141
　　黄鳝黄了　/ 141
　　"萝卜"回来了　/ 149
　　天使不可以跟蛇玩　/ 156
　　向"童话"致敬　/ 164

第六章　收藏阳光　/ 176
　　老乡金近　/ 176
　　树根深深　/ 185
　　"童话"永生　/ 193

教育：生命的向善(跋)　/ 199

第一章 亲情久久

 母亲,我的教育家

母亲去世快 20 年了,但我一直按照母亲的要求践行着教育,一刻也不敢懈怠。我爱母亲,不仅仅因为她是我的母亲,还因为母亲是我最最敬仰的——一个目不识丁,却具有高超情怀和诲人韬略的"教育专家"。

那一年——1979 年,我 17 岁,村小学要招一位代课教师。我刚刚高中毕业,一去试考,中了。母亲很高兴。

在我去学校上班的那天早上,母亲早早起床,为我请了灶君菩萨

(我们家乡参加新工作的一种风俗)。在菩萨面前,母亲一边化纸钱,一边对我说:"当老师说难很难,说不难也不难。只要对小人(方言,小孩子)好,书便可教好的。"

"只要对小人好,书便可教好的。"那时候,我无论如何也没有想到,母亲这一句平淡、朴素的就像一杯白开水一样的嘱咐,竟包含、甚至囊括了无数中外教育家穷其一生写就的"爱的宣言"。

我领着母亲的"旨意"走上了教育的岗位。学校让我教语文,兼任班主任。为了多接触小人,待小人好,我还对学校领导说,我会唱歌,能不能让我再教一门音乐。事后,我知道,乡村小学的师资紧张得要命,有语文、数学老师就不错了。音乐、体育、美术等学科因为没有老师,连课也不开的。我主动要求,无疑给学校雪中送炭。幸亏我只会教音乐,如果我说还会体育、美术、科学什么的,兴许校长会把整所学校的"副科"统统承包给我。

为了对小孩子好,我在语文课上,要求学生所有学过的课文必须会背会默;所有教过的歌,必须会吟会唱。可问题来了。唱歌倒没什么,不会唱的只是声音小一点,会唱的嗓门高一些;但学过的课文不会背的就是不会背,不会默写的就是不会默写。这不行,我对孩子们实施"关夜学",背一个,放一个。有一次,一个孩子背课文背到日落月升,孩子的母亲照着手电来到学校。看到母亲,背不出课文的孩子"哇"地大哭起来。我去帮他擦眼泪,孩子竟狠狠地咬住了我的手,我用了好大的劲才挣脱了。孩子却乘机跑出了教室,投进了黑夜里。孩子的母亲说了句"何老师,你也真是——",就没好脸色地转身就走。

我带着伤痛回到家。母亲看到我手腕上的大红咬印,问我发生了什么。我把满腹的委屈一五一十地告诉了母亲。母亲听后,一面揉着我的伤口,一面对我说:"其实,那小孩子咬你也是有道理的。"

"有道理?"我惊讶地问。

"你想想,叫你一天到晚又背又念,你会不厌烦吗?"

"你不是说要我待小人好吗?"

"那也不要强迫小人。会背的就背,不会背的可以读,再不会的让他跟你念。"母亲说到这里,拉起我的手说:"你看,手指头伸出来还有长短,哪能人人都会背的。"

母亲没有再说什么了,只是再次走进厨房,从锅里给我端上了热着的饭菜。我望着母亲,回想着母亲刚才所说的话,若有所思。

真的,在母亲的箱子里,找不到任何一张发给母亲的奖状、证书;在母亲一生的闲谈里,也从来没有进出过一字半句教育应如何如何的专业术语。但母亲这位天生的"教育家",在35年前,在我踏进教育岗位之初,以她朴素的语言,通俗地对我进行了因材施教的良好启蒙。时至今日,每每坐在装修精致、灯光摇曳、鲜花铺台、音响悦耳的会场里,聆听一批接一批教育专家变换着姿态给我们宣讲什么尊重差异、个性教育、以生为本、以学定教的教育思想研究成果时,我总觉得他们在复述着母亲35年前对我说过的话。

这天晚上,我辗转反侧,按今天的行话来说,我开始了自己的教学反思:什么是对小人好?小人需要怎样的好?怎样做才能真正促进小人好?语文课怎样上才是对小人好?……

第二天的语文课,我用了母亲教我的方法,对于教过的课文会背的就背;不会背的可以读;再不会读的,我念一句他跟念一句。这一招还真灵,到放晚学,50个孩子个个过关,心花大开。昨天咬我手的男孩也大声地读出了课文,显得很高兴,离开时还用他脆脆的嗓子对我喊"老师再见"。我忽然觉得班上的每个孩子都很可爱,而且都很聪明。

后来,我的语文课上,根据课文的内容,在快结束时,我有时安排给孩子们唱一首歌,有时讲一个故事,有时说一句笑话,孩子们显得特别开心。

我也更待小人好了。有一次,我上童话课文《小猫钓鱼》,我念完课文后,有一个孩子举起手,告发他的同桌在我念课文时,在做小猫吃老鼠的动作。我问原因,小男孩说,他听着听着,就想学学小猫捉老鼠的样子。我让他再做一次,那小男孩当众表演了。说真的,那小

孩子真是个天生的表演家,他表演小猫捉老鼠的动作实在太逼真了。一不做二不休,我索性让那小男孩走到黑板前,让大家学着他的样,学做小猫,配合着我的朗读。教室里乐"爆"了。就这样,我的教学生涯里,诞生了第一节读、演、讲一体化的童话教学课。课上完后,孩子们围住我,纷纷要求下一次语文课也要这样上。我问孩子们,除了小猫,你们还会表演什么。孩子们七嘴八舌:有的说会演猴子,有的说会学小狗,有的说会做小熊……孩子们为什么都那么喜欢演小动物,我陷入了沉思。

那时候虽然我不知何谓教育原则,更不懂得什么教育思想,但出于恪守母亲"只要对小人好,书便可教好的"的教育信条,以及实践母亲"手指头伸出来还有长短"的教育思想,我开始认定孩子与我们大人不同,喜欢学习他们感兴趣的东西,喜欢用他们所喜欢的方式学习知识。这为我日后实践、探索"童话教学""儿童文学育人"奠定了矿藏式的心理基础。

当然,母亲这位"教育家",她高超的育人水平不仅仅只体现在她的教育"理论"上,更体现在她的教育行为上。

由于受母亲的影响,我的课越上越让孩子感兴趣,致使有好多孩子都不愿意放学回家了。上级教育部门看我教书还真有一套,让我这个代课老师转了正。母亲更高兴了。

20世纪80年代初,刚刚改革开放的乡村里,有好多村民开始到大城市里去创业。家里的小孩子托给谁最放心,小孩子都对父母说要求能和我生活在一起。于是有家长找上我家,掩掩盖盖地告诉了这层意思。我还没有表态,母亲先开了口:"好的,好的。我儿子转正了,一辈子就教书了。你们出去赚钱好了,你们的小孩子就放在我家,我们会照顾好的。"

就这样,从1985年至1994年母亲去世,母亲先后成为我的8位学生的奶奶。

说是奶奶,主要是从母亲的年龄上说的。母亲生我时已经45岁了,我17岁走上教育岗位时,母亲已经62岁了。孩子们寄居在我家,自然称呼我母亲为奶奶。但事实上,母亲为这8位学生所做的一切,却是母亲式的。每天为孩子做三餐米饭,为他们缝补浆洗四季的衣服,还要照料他们晚上睡觉,特别是孩子生病时还得送医院,等等。

记得有一天晚上,有一个跟我母亲睡一床的小男孩,半夜肚子痛得哇哇大叫。72岁的母亲那几天也正咳嗽,但为了不影响我的睡眠,自己一个人背着孩子下楼,准备去医院。由于心急,母亲开门时不慎碰落了门闩,我醒了过来,才用自行车将孩子送到医院。而母亲一个人深一脚浅一脚地步行了一个多小时,来到镇上医院看我们。见到我们第一句话便问:"痛止住了吗?"母亲一面劝我回家睡觉,一面帮正吊盐水的男孩揉着手腕。为了第二天能正常上班,我回家了。我把男孩留给了年迈的母亲。后来,那男孩告诉我,我走后,他吐了一地,奶奶又是帮他擦脸又是为他捶背,一直忙到天大亮。

一位跟孩子非亲非故的老人,一位目不识丁的老人,以她对教育独特的理解和实践,时时演绎着教育家般博爱、豁达的胸怀。

1994年5月26日傍晚,因患食道癌处于弥留之际的母亲,用她微弱的声音问我:"你们学校明天要去镇里跳舞吗?"是的,前两天,我对母亲说过,这些天,我有点忙,为庆祝"六一",镇小学要举行文艺会演,我们学校在排大型合唱节目。我是拉手风琴的,得一遍一遍地和孩子合。看着瘦得皮包骨头的母亲,想想母亲来日不多,能陪一天就算一天,我撒谎道:"镇里后来取消了。"母亲望着我,无语。

半夜,母亲突然呼吸急促,脸色惨白,我握住母亲的手,大声呼喊。但无济于事了,母亲的呼吸停了。那惨白,像流水一样从额角一下子滑落到眉头、鼻梁、唇角、下巴……

第二天一大早,我在母亲的遗体前拜了两拜,随着学校里的车去镇上参加"六一"会演。按照我们当地的风俗,家里死了双亲,子女至少在"头七"不能唱歌作乐。而我居然要赶剧场,而且还要弹琴。这无疑是对母亲极大的不敬不孝。但我知道,我必须去的,这是母亲的意思。可能谁也不会知道——我们母子心灵相通。母亲之所以走得这样坚决,是因为母亲知道,她不走,我就会以"镇里后来取消了"的

借口,陪着她走得慢,甚至走不了;母亲之所以走得这样安静,是因为母亲想静静地聆听在儿子拉响的乐音里,孩子们清丽婉转的歌声;母亲之所以走得这样从容,是因为母亲完全相信,她已经把她的儿子引入了至真至善的教育航道,不管旅途是鲜花满天还是阴霾密布,她的儿子已经深深地懂得了"只要对小人好,书便可教好的"的内涵外延。

  送别母亲的场面也很特别。除了我们这些母亲的亲生儿女、媳妇女婿、外甥内侄等亲亲眷眷,送行的队伍里,还有一大帮孩子,有上了大学的,有正在读高中的,也有挂着红领巾的小朋友。

  母亲生前多次说过"不看少时出嫁,要看老来送丧"。母亲的意思是年轻时出嫁多少含有变数大、不确定之意,哪怕红妆十里、良田百亩都不足为荣,而老去后出殡的仪式,才是对一个人一生最好的评价与纪念。作为母亲的儿子,我深深地知道,在母亲长长的送别队伍里,每一个孩子每一个家长,都是母亲用大爱与大善写就的作品;每一个叩头每一朵白花都是母亲最美的风景。母亲,一个从未上过学堂、目不识丁的农村妇女,享受着这一份因"善对教育"而带给她的体面与尊贵。

 戏文里的父亲

父亲故世时,我不到 16 岁。对于现在的我来说,35 年没有父亲的日子,是一段遥远的时光。但父亲艰辛不失开朗,精明不失豁达,憨厚不失睿智的形象,并没有因为这似水的时间渐行渐远,最终成为抽象的父亲;反而,因年岁的增长,尤其是自己经历了生活的历练之后,父亲的音容笑貌、举止言谈,甚至连父亲身上的气息,变得越来越真实而具体。

父亲出生于 1909 年,听父亲说,祖父留给父亲的遗产是一只祖上要饭的碗,上面钉了三个"瓣"(方言,意为碗上有铁钉将破裂处缝合起来)。

父亲没有进过学堂,但却识得很多字,这缘于父亲爱看戏文。更让我至今仰慕的是,父亲居然具有自由进出于戏里戏外的本领,能轻松自如地将戏里戏外的生活融会贯通,按父亲的话说"戏里故事,戏外做人"。学以致用,从而让我们这些父亲的子女不但能幸免于受冻挨饿,而且将我们兄弟姐妹中的我和大哥、二哥、二姐等四个,送入学堂读书,成为父亲引以为荣的"知识分子"。

靠山吃山,靠海吃海。我们村紧靠海边,自然以海为生。我家后门有个小天井(我们这里人对园子的称呼),约 20 个平方。朝阳的一面,一字排开的木板上晒着海盐。有太阳的早上,父亲将从海泥里滤出的卤水,倒在木板上,让卤水在阳光下蒸发,升华,结晶。背阳的地方,是一排大小不等的水缸,终年装着父亲和哥姐们从海里捞来的虾籽、泥螺。不外出做生意的日子,不管严冬酷暑,还是风霜雪雨,父亲一有空准会站在天井里,或在盐板前,或在水缸旁,看看这里,捣捣那里。每一块盐板,甚至每一粒食盐,都是父亲和哥哥姐姐们用心血和汗水写就的作品;每一只水缸,每一颗泥螺,都是父亲和哥哥姐姐们用风雨和晨昏描绘的画面。父亲与这个小小的天井,其深厚的感情,

远远胜似酋长与营寨,燕雀与暖巢。

虽说我们村里,家家户户都晒海盐,捕虾籽,捉泥螺,家家户户的男当家都在做这些海产品的买卖。但在那个恨不得全国人民只剩左脑左手的荒诞年代里,凡是经商,即使你做自产自销的买卖,也会被加以"搞资本主义"的罪名,而被割除"尾巴"。

我9岁那年,"割尾巴"风越刮越猛。邻居松根伯伯、郎定伯伯去杭州做生意,不但他们的泥螺被城管倒进垃圾箱,而且还落了个"投机倒把"的罪名,三年内再也不能进入杭州城。听着两位伯伯的家人抱头大哭,父亲整整两天不说一句话。而此时,我小姐姐又得了重病,口吐鲜血,整天高烧不退,医生说再不治就性命难保了。母亲以泪洗面,跑转了整个村,才借到50元钱,勉强凑齐了看病的费用。

父亲扔掉抽了两天的烟袋,挑着满满一担腌泥螺去杭州了。第二天傍晚,父亲空着担回来了。正常情况下,父亲的一趟生意,大约一个星期,有时,长达十多天。这次,昨去今回,我们猜想父亲的泥螺肯定与隔壁郎定伯伯一样,被杭州人倒掉了。父亲去卖的这担泥螺,约有一百多斤,是父亲和大哥、二哥、大姐、二姐等,整整半个月的起早摸黑,到海滩上一颗一颗捡来的,可卖40多元钱。可现在,只剩两只空桶……大姐伤心地哭出声来,母亲一劝,大姐的哭声反而更大了。而父亲却哈哈大笑,抽上一支烟,用长期对我们讲戏文的语气,讲起自己的这趟生意经——

昨天傍晚,我到了杭州拱辰桥运河边。这次,我不去市场,去"卖鱼桥"小巷。刚走进小巷,"卖'吐铁'"(方言,指黄泥螺)三个字还没有喊出,一个戴红袖章的跑了过来。我吓得冷汗直冒,但马上我想到,冷汗不是潮水,冲不走他们的。我就把准备好的辣椒往两只眼睛一擦。然后倒在地上大喊肚子疼。那个戴红袖章的将我扶起来,见我这个大男人痛得泪水直流,吓得不知怎样才好,赶快转身去喊"救兵"。我趁机就将小桶担上底和下底抽出来对调了。

后来来了两个戴红袖章的男人。他们一个给我服"十滴水"(一种缓解中暑的中药),一个帮我揉肚子,还说要送我上医院。我见好就收,说好点了。两个戴红袖章的发现我卖的是大米(大米不属于贩卖行列),更觉得对不住我了。先发现我的高个子,看着我的生意桶,一个劲地摇着头感叹,说乡下人做点买卖真当罪过啊。我谢了他们,换了一条巷子,大喊起来:"卖'吐铁'喽——"。杭州人喜欢吃腌"吐铁",而这些天又严禁出卖,我刚好碰到空档,货少就奇,生意特别好做,一百多斤"吐铁"一个多钟头就抢光了,没买到的还后悔来迟了呢!

我们都听得哈哈大笑,为生意的成功,为父亲的智慧。父亲的脸上满是红光,连稀疏的白发也随着父亲的讲述而轻快地舞蹈。父亲,完全沉浸在杭州那条小巷里,被男女老少抢购"吐铁"的得意与欣喜之中。

"爹,这担'吐铁'一共卖了多少钱?"大姐急不可待地问。

父亲回过神来,从口袋里掏出了一叠纸币,递给了一旁的母亲,不无喜悦地说:"67块(方言,元),67块啊!"

啊？67块！在20世纪70年代初，一趟小生意67块，简直可以说是个天文数字。

母亲刚想把钱拿进屋去，父亲发话了："阿多（小姐姐的小名）看病的钱还掉有多的话，给松根家5块，给郎定家5块，他们两户人家都米桶朝天了，孩子又小，唉——"

母亲应了声，和大姐一起接济乡邻去了。而我，还在想着父亲故事里那只神奇的桶。

"爹，那只桶真能像抽屉一样拉吗？"我问。

父亲走到泥螺桶前，像变魔术似的，拉出了桶底一格，桶上一格。

"爹，您真聪明！"那时的我，觉得父亲简直就是发明家。

父亲摸着我的头说，人活着要会学，要会用，自己的这一招，也是跟人学的。我忙问是谁。父亲说是陈琳。我说陈琳是谁，在哪里。父亲说他是个古人，都死了好几百年了。我更不解了，那你是怎样跟他学的。

父亲说："戏文里呀！"

"戏文里也会教你做桶吗？"我更好奇了。

父亲嘿嘿一笑："我知道，你又要听故事了。去，给爹拿把扇子来。"

父亲知道，这时候就让我去移座山来，我也会二话不说的。

父亲摇着我递给他的蒲扇，不紧不慢地开讲了："有一个戏文，讲宋朝廷里有个叫陈琳的太监，出身贫苦，正直善良……"

当父亲讲到陈琳用果盒的上层装鲜果，果盒的下层装太子，我终于明白了父亲所说跟陈琳学做桶的大意。从父亲的嘴里，我第一次知道有个戏文叫《狸猫换太子》。这故事真好听，真吸引人。

"你说说，故事里谁是好人，谁是坏人？"父亲问。

我想了想，说陈琳是好人，郭槐是坏人，寇珠是好人，那个刘皇后是坏人。父亲又让我说说为什么。我根据我的理解，东一句，西一句地说了一通。父亲听后很高兴，说是我记性好，吃得进，倒得出。父亲还很正经地问我："以后五龙庙做戏文，你去不去看？"

第一章 亲情久久

　　五龙庙是邻村的一个庙宇,那里,供奉着元帅菩萨。庙里有个很高的戏台,经常在演绍兴大板(绍剧)。我跟小姐姐去过一次,绍兴大板唱起来腔调拖得很长,唱半天才说了一句话,我很不喜欢,父亲多次要我和他去看戏文,我就是不愿去。但就是我不喜欢的绍兴大板,居然能讲这么好听的故事,而且还能学到连父亲都管用的知识。我来了兴趣,连声说"去的去的!"

　　这以后,父亲每次去看绍兴大板,总背着我。在父亲的肩膀上,我看到了一出一出的绍兴大板,什么《借东风》啦,《孙悟空三打白骨精》啦,《三请樊梨花》啦,《狸猫换太子》啦。在父亲的肩膀上,我看到了天地的博大而辽阔,生活的酸甜与苦辣,人情的温暖与寒冷,世道的悠长与凶险。在父亲的肩膀上,我慢慢明白了什么是人穷志高,什么是与人为善,什么是慷慨相助,更明白了父亲常说的"戏文告(方言,教)人做人"的内涵外延。

　　父亲让我看戏,还要我评戏。我清楚地记得,每次看完戏后的回家路上,父亲拉着我的手,总要问我看懂戏了吗,戏里谁是好人谁是坏人,或者说你喜欢谁,原谅谁,讨厌谁,痛恨谁,等等。每次我回答后,父亲也不忘在我说的基础上,谈些他自己的想法。比如,我说白骨精是个坏得透顶的大坏蛋。而父亲却说,白骨精也有好的地方。比如,她能一次一次动脑筋,她也很孝顺她的母亲,请母亲一同来吃唐僧肉。孙悟空也有不好的地方,比方说他不尊重别人,遇事大闹大吵。我觉得父亲说的也很有道理。评完戏入睡前,我会缠着父亲再讲别的戏文,父亲从黑张飞讲到郭建光,从包龙图讲到李玉和,从孟姜女讲到阿庆嫂,从秦香莲讲到小常宝……父亲的心里,藏着无穷无尽的戏文,都是我从来没有听过,但又十分好听的故事,我觉得父亲比《借东风》的诸葛亮还聪明,比《孙悟空三打白骨精》里的孙悟空还机智,比《狸猫换太子》里的陈琳更有才。

　　从此,我迷上了看戏,什么绍剧、越剧、京剧,凡戏都喜欢,这习惯一直到现在,我的肚子里也收藏了几百出戏文。戏文不但开阔了我的视野,丰富了我的生活,还教会了我怎样看人,怎样做人。

现在想来,父亲简直就是位优秀的教育专家,他以自己的身体力行,通过讲故事、看戏文等直观形象、生动有趣的方式,春风化雨般地把年幼的儿子领进了生活的大门。与此相比,墙上挂的"不愤不启"、"寓教于乐",在父亲的经验里都显得那样的正襟危坐,不可亲近;书上说的"科学育儿"、"早期开发",在父亲的字典里显得那样的高深莫测,难以操作。父亲的"戏文告(方言,教)人做人",与我日后从事的"童话教育",在兴趣为先、以生为本等方面实乃一脉相承。从这个意义上说,是父亲在我天真烂漫的童年时代,为我规划了"童话教育"的基本理念及具体路径。

除了教子有方,父亲还善于总结生活,并概括成许多属于自己的"语录"。"头脑活络苦头不缺(方言,吃)",便是其中之一。那时,我已经上了初中,完全能够联想到这是父亲饱经风霜的生命悬崖上,流淌出来的生活箴言。

当然,父亲的"头脑活络苦头不缺",绝不是毫无主见与良知的见风使舵,投机取巧;而是充满个性与正义的深思熟虑,随机应变。正因为如此,创造了"头脑活络苦头不缺"的父亲,却常常为此吃足了苦头,成为父亲真实的"戏文"人生。

遭大队长责骂便是其中之一。

20世纪70年代的生产大队长,俨然村中皇帝。村里人自然很敬畏队长,也很想去巴结队长。尤其是像我父亲一样,要外出去做小生意的村民。虽说我们出卖的泥螺什么的,都是家里大人小孩从海里捕捞的,但人家不信你,怀疑你在搞投机倒把,是在搞资本主义。所以,到城里去做生意必须由生产大队给你出证明,盖公章,认为这些货物全属自产自销,方可在城里叫卖。否则,你的货物要被城里没收。村里和我父亲一样做生意的人,每次去大队长那里开证明总不忘给队长带点送点,因而关系很好。而我父亲觉得盖个章要送东西,那队长跟戏文里的贪官有啥两样?父亲背后还说,送东西的人是在害队长,人家又不缺米少衣的,不送不害人,送了害别人。就这方面,一向"头脑活络"的父亲显得"糊涂透顶",吃苦头自然在所难免了。

第一章 亲情久久

有一次,我二哥因在河里捞羊草,和同村的伙伴使用了一下生产队里停靠在河边的木船,被人告到大队长那里。那个大队长二话不说,将我二哥关到大队部的仓库里,恶骂一通不说,还作出罚款10元的决定。10元钱,在当时差不多可买100斤大米,村里有些人家,一个月的收入也不到10元钱。更让人气愤的是,同船的那个青年,因其父亲平日隔三岔五地往队长家跑,居然不关不罚,一点事都没有。我二哥正值青春年少,在大队部和队长评理。但大队长以"企图领头盗窃集体财产"为由,要将我二哥押送去公社。而且还说,你父亲长期搞投机倒把,上头要来好好地查一查了。

我父亲来到了生产队,先向大队长致歉,再骂我二哥不守规矩,随便用船。见大队长依然对我二哥大骂不休,父亲将一叠带咸味的纸币放在队长的办公桌上,说:"大队长,侬数一数,一共10块。"

"侬这个养子不教的老东西,滚出去!"大队长气得大吼。

父亲拉着二哥的手,大气不出地"滚"出了大队部。

回到家,父亲气得整夜抽烟。而母亲"我是对侬说平常要给他烧烧香,侬看……"的埋怨,更令父亲在冬天的半夜,猛然起身去屋外"吹风"。我赶快穿好棉袄,来到父亲的小天井。

我至今清楚地记得,那天晚上,父亲一只手夹着烟,一只手按在我的肩膀上。半天没一个字。我抬起头,借着月光,我看到父亲夹着香烟的手在颤抖,眼角处闪着亮光。我叫道:"爹——"

"唉——"父亲拍了拍我的肩,长长地叹了一口气。父亲的叹息太轻太弱,根本敌不过队长响雷似的怒吼;父亲的身影太单太薄,根本动弹不了队长山一样的身躯。

那次事情以后,父亲生了一场大病,足足一个多月,父亲没有出门去做生意,更没有唱他的绍兴大板。这以后,生产大队长扁平的长脸,成了我们全家刻骨铭心的记忆。

事隔多年,我成了村里的小学老师,那个队长(这个时候他早就不做了)的过继女儿在我班里读书。他见到我,还热情洋溢地邀请我去他家吃饭。我只从眼角处斜视了他一眼。回家后,我把这件事说与老父听,想让父亲彻底吐出积压胸中多年的怨气。没想到父亲听了,很平和地看着我说:"忘记吧,他现在已经不是大队长了,也上了年纪,又没有亲生的,也很可怜。再说,你是老师了,要像老师的样子。"过了一会,父亲又加了一句:"老师对每个学生都要一样,像戏文里唱的,手心手背都是肉!"见我目光中存有疑虑,父亲对我说起了深藏了十几年的往事。他说他一直认为那次用辣椒水骗城管的事,两个戴红袖章的,是知道自己在骗他们的。他们是同情自己,故意放他一马的。这些年他一直在心里感激他们,连做梦都好几次谢过他们了。"该饶人时就饶人!戏文里经常这样唱的。"父亲总结道。

"忘记吧!"这就是我的父亲,在我步入社会之始,通过他的言传身教,让我懂得了生活中有一种不畏权贵、不欺弱小的人格,应该追寻和坚守;"手心手背都是肉",这就是我的父亲,在我登上教坛之初,通过他的人生感悟,让我明白了课堂里有一种一视同仁、公平待人的师德应该造就和拥有;"该饶人时就饶人",这就是我的父亲,在我走到人生的十字路口时,通过他的生活积累,让我知道旅途中有一种豁达宽容、与人为善的品质,应该弘扬和发展。

1980年的秋天,在忍受了近半年的肚子痛后,72岁的老父亲终于同意母亲的劝说,由大姐姐、小姐姐陪着去医院检查。这一查,医生给父亲判处了"胃癌后期,严重扩散,活不到3个月"的死刑。

为让劳碌了一生的父亲安度生命中的最后日子,家里隐瞒了父亲的病情,只告诉他得了急性阑尾炎,因年岁高暂时不能手术。父亲接口道,是阑尾炎,难怪发起来这么痛。这以后的两个多月里,每当父亲"阑尾炎"发作,虚汗直冒,我们一边安慰,一边给父亲揉肚子。父亲总是有意转移自己的注意力,学着《孙悟空三打白骨精》中的猪八戒的腔调,唱他的绍兴大板:"想想么真开心,真真么笑煞人,老子巡山,太太平平,无妖无精。"听着父亲颤抖的绍剧,看着父亲惨白的面孔,深陷的眼眶,消瘦的身子,我常常"笑"出眼泪。还没等我解释,父亲笑道:"我猪八戒学得像,你都乐出了眼泪!"

我顺势附和,对的,对的,爹表演太逗人了。我顺手擦去眼泪。

第一章 亲情久久

父亲也笑了,说:"一唱绍兴大板,阑尾炎就好些了。"说完,父亲就倒在床上,说自己唱累了,要休息了。于是,父亲倒在床上,直喘粗气,没半天,起不了床。

我们全家人在背后说,父亲肯定知道自己得了绝症,知道我们全家人都在瞒着他。这,就是我们面对死亡,泰然自若的父亲,用他过人的睿智和敏感,淡定和通达,为了家人,硬是忍受着病痛,给阴霾的日子涂上明朗的色彩,把忧伤的剧情演出别样的欢喜。

父亲临死前的一个星期,那天我放晚学回家,父亲笑眯眯地在天井里修一把锄头,我问父亲我娘去哪里了。父亲笑着说:"到昆仑山去了!"

一旁的二哥告诉我,母亲去上海舅妈那儿,给父亲买药去了。这时,我才明白了父亲是化用了《白蛇传》中白娘子为许仙"昆仑盗草"的故事。

白蛇的仙草救活了许仙,但母亲的"仙药"挽救不了父亲的生命。五天之后,那是个晴朗的冬日,父亲服了母亲从上海买来的药,显得精神特别的好。在母亲的一再阻拦下,父亲还是背着锄头,去自留地里锄了两大畦菜地;回家后,又在天井里整理了他的小桶担。而这却成了父亲和这个世界的最后告别。这天晚上9点多钟,父亲在我们全家人的呼喊声中,安静地走了,走得那样的从容,那样的平静,一如他唱的"老子巡山,太太平平"。从这个意义上说,母亲带回的确是仙丹,他彻底解除了父亲所有的病痛,将父亲"太太平平"地送入了"仙境"。

送别父亲的时候,我的眼前不时出现父亲表演的猪八戒,耳边回响着父亲的"老子巡山,太太平平",我这个被家人从小喊作"哭作猫"(方言,意为很能哭)的,居然哭不出什么——我一点也没有感觉到从此父亲和我们遥远得相隔阴阳。我总觉得:父亲,只是小别于我们去天堂做生意,看大戏了。用不了几天,父亲就会回家,摇着蒲扇,哼着绍兴大板,讲他的生意,讲他的"戏文告(教)人做人"……

儿子如镜

男人爱子,胜似司马迁喜《史记》,曹雪芹好《红楼》。确实如此,儿子是男人最真的作品,最美的风景。于是,男人对儿子有了一大堆爱的称谓:宝贝、传宗、靠山等等。拥有儿子,便拥有悠长的日月,拥有无恙的山河。

儿子天天,3岁。一大早,就和邻家小伙伴做他们的功课——玩游戏。恰逢星期天,我自然是儿子专心不二的"读者"。

近来,电视上在放《唐明皇》,儿子特看中剧情中那把象征权力的"龙椅"。儿子多次说,我要坐大龙椅。儿子的戏言就是我的"圣旨",何况男儿有志——坐龙椅,哈哈。于是,昨天放晚学,我赶紧上街,给儿子买来了,不,是请来了他的大龙椅——一把红色塑料椅。

"天天,给我坐一下,好不好?"隔壁老王的儿子王一,央求着。

儿子宽宽地坐在他的大龙椅上,严肃着小脸。加上儿子长得比同龄小孩要胖得多,还真有一副电视上唐明皇的雍容、华贵。儿子只用眼睛斜了老王的儿子,连身也不转。

真有官相。

"弟弟,我坐坐,好吗?"我8岁的外甥女,跑过来对我儿子说。

"不!"儿子一字一句,铿锵有力,远胜唐明皇。

坐江山,不惜大义灭亲。

"大胖,我要坐!"李家儿子李兵,边跑边喊。

我儿子审美意识特强,觉得长得胖不帅,所以最讨厌人家喊他胖子什么的。

我想:这李家的儿子,大喊儿子绰号,还想坐龙椅,这简直就是向天摘星。

然而,儿子居然站了起来,还一脸热情地将"龙椅"移到了李家儿子的身边,学着电视上太监的样,稚里稚气地喊:"皇上请!"

第一章 亲情久久

事后,我问儿子,刚才你的龙椅,不给王一坐,也不给姐姐坐,为什么单给李兵坐呢?儿子一听,一脸不解:"爸爸,李兵的爸爸不就是我们村的皇帝吗?"

经儿子一说,我想起来了:前几天,儿子哭着跑进家对我说,李兵抢走了他的奥特曼(一种小玩具),他要我去把奥特曼追回来。李兵是村长的儿子,因为我们想在村里建个新房,正在和村长搞好关系呢。不要说是一个奥特曼玩具,就是再好的东西,还要设法找机会送去呢。儿子当然不知道,吵着要他的"奥特曼"。我不无吓唬地对他说:"不要追了,李兵的爸爸是我们村的大官呢。"

"有皇帝大吗?"儿子问我。

"有啊,他就是我们村的皇帝。"我顺口说。

"哦,所以你要给李兵爸爸烟抽。"

我知道儿子所指。李村长家离我们家不远,每次村长路过,不抽烟的我,多半给村长递烟。有一次,儿子问我,小姑爹也在旁边,为什么不给小姑爹香烟。我不假思索地道:"因为村长是皇帝呀!"

没想到我不经意的言行,竟成了儿子处世为人的样板。

儿子如书,一字一句,记录着我对亲情的随意和漠视;一张一页,速写着我对权势的仰慕与巴结。

儿子的胆子很小,不太敢接触生人。这不行,不像男人!为了培养他的大胆,打造伟岸硬朗、顶天立地的男子汉,我常常有目的、有计划地带儿子外出"培训"。儿子8岁时,趁着"五一"黄金周,我们约了几户要好的朋友去海岛旅游。在游览的七天里,我有意让儿子给导游小张拿旅游小旗子,做召集人。七天旅游结束后,旅游车将我们送到了家,下车时,导游小张一一握手跟我们告别。轮到我儿子时,小张还在我儿子脸上亲了一口,算是发给我儿子几天来对她工作积极配合的奖品。

我们回到家,做晚饭,洗衣服。好半天,我儿子在小房间里没出来。我推门进去,看到儿子已经哭成了泪人。问了半天,他抽抽噎噎地问我们:"那——个小张——阿姨——,什么时候——还能——见——到?"

原来如此。我七天的精心策划换来的竟是如此的缠缠绵绵,这般的哭哭啼啼。我为自己的导演失败而气急败坏,更为儿子的表演风格而心灰意冷。我怒不可遏地训斥道:"不许哭!这有什么可哭的,男儿有泪不轻弹!"

可儿子才不管,哭得更凶了。我真不知道他在哭什么:在哭他热恋的小张阿姨无视于他的真心,负心离去?还是在哭他爸爸萎缩了的人情,失却了的童心?或是在哭大人把冷漠当作阅历的无知,把轻薄当作成熟的无情。

后来,还是她妈妈,指着儿子手里拿着的旅游帽,对儿子说:"你看,小张阿姨的帽子忘在你这里,过两天她肯定会回来的。"

"真的吗?"

儿子终于止住了哭泣,而且马上露出了灿烂的笑容。我分明看到,那笑脸,是送给两天后"久"别重逢的小张阿姨的。这不是我要的结果,于是,不管儿子听不听,懂不懂,我给他讲了很多驰骋疆场、无畏无惧的男儿故事。从刘邦讲到曹操,从岳飞讲到宋江。

晚饭后,儿子玩积木,我在客厅看电视,刚好看到日本鬼子用刀杀人。我自言自语道,这鬼子真不是人,杀人眼都不眨一下。儿子竟脱口而出:"男儿有泪不轻弹!"

我吃惊地望着儿子,儿子也看着我。我第一次在儿子面前失语。还是儿子打破了这种凝固:"爸爸,我说得不对吗?"

我一会儿说对,一会儿又说不对,语无伦次。幸亏儿子雅量,豁达地看着我,笑道:爸爸,我懂了,想哭的时候就哭,不想哭的时候就不哭。

对,想哭就哭,想笑就笑。我忽然觉得,儿子如镜:一明一亮,映照着概念演绎的空洞和无奈;一剪一影,彰显着理性说教的惨淡与苍白。

儿子10岁了,活泼,有礼,会说话,常常受到朋友们的肯定。我甜得就像喝了蜜。

有一天晚饭后,我和儿子,还有我的几个同事,去县城逛街。路

第一章 亲情久久

上,儿子忽然想起了她妈妈就在家里打扫卫生,对我说,妈妈一个人在家劳动,我们打个电话给她。我觉得儿子说的在理,掏出了手机,叫他自己对妈妈说。儿子拨通了家里的电话,对她妈妈说:"妈妈,你歇着好了,不用打扫了。等会,我回来帮你一起干!"

我们几个听了,都说:"你这么关心你妈妈,那你就不用跟我们一起去城里玩了。把你送家里去。"

他笑着说:"你们错了,这是我说说的。妈妈听了我的话,会做得更起劲,等我们回家,家里早就打扫干净了。"

"哟,你还真行,会拍马屁了!"我说。

"还不是跟你学的吗?"

我不解,儿子详细向我解释了上次给倪爷爷打电话之事。

倪爷爷是我省一位知名的儿童文学老作家,也是我的忘年之交。儿子一直喊老人为倪爷爷。老人很喜欢我儿子。常常在电话中问候我儿子。有一次,我对儿子说,今天你主动给倪爷爷打个电话,让老人高兴高兴。倪爷爷要是问你,就说是你想打的。儿子说,他好像没有话可对倪爷爷说。这倒是真的,儿子和老人接触才两三次,而且时间都不长,确实印象不是太深,没有多少话好讲。但出于人情,这电话我觉得还是要打,而且非由我儿子来打不可。

目标确定了,现在的关键是实施策略。于是,我便教他怎样对倪爷爷问候,特别关照:"倪爷爷您身体好,我就放心了"这一句。我认为,老人最关心的是自己的身体健康,这话肯定问候到了点子上。为了让儿子说得流利,我还让儿子像背课文一样,背诵了一遍。在我的言传身教下,儿子给老人打了电话。由于事先彩排到位,儿子和老人的对话,堪比论文答辩。最后,8岁儿子以我和让他背过数次的"倪爷爷身体健康,我就放心了",声情并茂,恰到好处地赢得了老人的高度肯定,说他和许多孩子对话过,从没见过我儿子这样落落大方,圆润自如的对话。

这个电话,与其说是和老人的真情交流,还不如说是一幕剧本演绎。电话之后,我为儿子的成功亮相给予了高度的评价,重重的奖励——让儿子放开肚子喝我们禁止而他最渴望的大瓶雪碧。

事情过去这么多天了,这个电话反应,在儿子心里还这么强烈。

"哦,"半天我才反应过来,"这和你给妈妈拍马屁一样吗?"

"都是讲客套!为什么不一样呢?"

儿子反问。其实连我自己都觉得自己问得无聊至极,一点没有思考含量:确实如此,都是客套,难道还要评出金奖银杯。其实,不同的只是我自己,需要给自己外部装点门面时,我导演孩子,鼓励儿子言不由衷,为自己赢得名声;而想要孩子表里一致时,我又故作清高,一本正经。

是的,为什么不一样?

儿子如师,一颦一笑,拭拂着成人世界言不由衷的世故;一诘一问,探寻着真实人生表里一致的行程。

然而,自查归自查,反思归反思,生活在老者为本的现实中,我无论如何不会从本质上去步华兹华斯视孩子为父的后尘,更不会从主观上立志追随圣人,把自己变成小孩子进入天堂。

2003年,教育圈里很是盛行奥数热,奥数成绩成了评价学生、教师、学校的GDP,大有"不学奥数无以立"之势。而我是学校校长,自然得带头让儿子参加奥数学习。刚开始儿子对此还有兴趣,可三天下来,儿子打退堂鼓了。其实,我也知道,儿子像我,天生缺乏计算智能,并不是学习奥数的料。但我不管,动用种种方法,包括励志教育,给他讲古今中外刻苦学习的名人故事,什么《囊萤映雪》《凿壁偷光》,讲得天翻地覆。这还不算,还请老师一对一地指导。每天晚上,儿子都要做一个多小时的奥数作业。如此这般,可谓精诚所至,期盼金石为开了。可三个月后,儿子参加初试,10道题才做对了4道题。我气得差点晕过去。

知道结果的这一天,是星期天,儿子在家。我走进他的小书房,看见他正在玩"奥特曼"。我二话没说,夺过他的"奥特曼",将它摔了个粉身碎骨。儿子一边大哭,一边弯腰去捡碎片。我更火了,你不爱奥数,视"奥特曼"倒像亲爹,我顺手给了儿子一个耳光。儿子吓得转身就跑出了小房间。

冷静下来,翻看儿子平常的奥数练习本。我发现,其实,每一次作业,儿子都是有错的,最后的答案都是辅导老师帮他填完的。那老师大概是碍于我的面子,不好意思明说校长的儿子不适合学习奥数。第二天,当我对老师真诚地说出自己的想法时,那老师完全认同我的看法。而几乎是同时,我收到了儿子发表在《小学生时代》上的童话故事——《雷欧奥特曼和七个小矮人》。

人常说,宰相的肚里好撑船,我要说,儿子的肚里能开车。儿子要去追赶东升的太阳,而他的父亲为了自己的"门面",偏要他去拜会西沉的月亮。儿子知道,这无异于让鸭子去飞翔,让小鸟学游水,但他二话不说;儿子要骑着他的"奥特曼"云游四方,而他的父亲为了自己"尊贵",偏要将他囚禁一隅。儿子明白,这无异于让青蛙学爬树,让蝴蝶去唱歌,但他毫无怨言。

这还不算,儿子还以无言的应答,迅速的撤离,保住了自己的皮肉,也保护了父亲犯下更大的罪过。

小小儿子,简直就是我的智者,为我牵来了纯净的天堂!

嫁给教育

常言说得好,靠山吃山,靠海吃海,我教学生,还真"吃学生"了。

给我和妻子做成大媒的,不是朋友,不是媒人,也不是家长,更不是婚姻介绍所,而是我班上10岁的学生金港。

那年,我22岁,我的学生金港,给我捎来了村幼儿园教师陈桂珍给我的求学信:她想学风琴,希望我能教。

那时,我情窦初开,她芳心萌动。弹琴之余,不忘谈情,到后来,我们弹琴谈情,谈情弹琴,琴情相长。

经过和抗日同样长度的时间考验,我们终于喜结良缘。那时,妻子早已不做教师,她已被录用为公务人员,实在难得她将生命托付给了教育人。

结婚之前,我们家就我和母亲俩,当然这是从法律意义上的。而事实上,我们家庭成员还应该包括和我们母子生活在一起的我的6位学生。他们中有上小学的,有念初中的,甚至还有读高中的。这些家底,桂珍是知道的。我这些学生生日的时候,她会送些小礼品,以祝福的名义分享孩子们的快乐。毕竟,我们的共同媒人是我的学生嘛。

婚前是一回事,婚后又是另一回事。结婚无疑是双方人际关系的裂变和重组,一朝天子一朝臣,不无道理。母亲毕竟是母亲,在我结婚之前的一段日子里,母亲就远瞩到了"山雨欲来",对我们家6位"常住户口"一一吩咐:"以后何老师家人多了,你们在读书上有问题,何老师就上你们家去。"我知道母亲是爱孩子的,何况这些孩子长期生活在我家,拒绝的话说得不轻松。望着孩子们天真稚气的脸上写满了不舍,我装作若无其事地说:"没事的,大家照样来我家。"

我的话像沙漠上的草,根不是太实。

转眼到了我的婚期。村小学的师资是十分紧张的,如果一个老师生病请假,这个班这天只能停课。因为,一个萝卜一个坑,萝卜没

了,留个坑无非就是积水,而积多水是要坏事的。

前些日子,学校里就因为我的同事请病假,他班上的孩子不慎掉到一个石灰坑里,幸亏被路人发现,才捡回了一条小命。

结婚第二天,我便出现在早自修的课堂上。孩子们雀跃,况且我给他们分喜糖。可是一查,任金江没来。

这孩子父母都在上海打工,和老奶奶生活在一起。

我问孩子们,知道任金江去哪里了吗?有孩子说,他昨晚回家时就肚子疼。

放午学时,我去了他家。

任金江的老奶奶开了门。孩子是病了,他的小脸红得就像炉膛里烧旺的煤饼,我将自己的额头和他一贴,感觉我快被引燃了。我急了,用自行车带着孩子,将他送到了镇上卫生院。医生说孩子得的是急性黄疸肝炎,需要好好调养。

请谁去照顾他呢?我知道金江的姐姐才大他一岁,他的奶奶眼睛有问题,显然不能很好地照看。我想到了把孩子交给我母亲,叫母亲照顾几天。可是,想到自己现在已经结婚了,再去管这些"分外"之事,担心桂珍反感。

吃晚饭的时候,我把任金江的事说给桂珍听。她听后,脸上满是同情:"这孩子可怜,你把孩子带到我们家来。"

我心里一阵感动,差点喊出"老婆万岁"来。

我将任金江接到了我家。桂珍为他下了一碗漂着鸡蛋的面条。面条是我的学生吃的,却甜在我心里。

人的一生不断地做着选择题。我第一次为自己选择了一个理解教育,善待孩子的妻子而自豪。

我们家儿子3岁的时候,任金江的姑爹夏百荣找到了我家。因为他们夫妻俩长年在外承包工程,没法顾家,更没法照顾孩子读书,希望我们能让他儿子飞江和表弟金江,住到我们家来,在学习生活上予以照顾。

那时候,我母亲已经作古。

虽然我同情他们,但我知道,让他们生活在我们家,不像说说那么简单,今后生活的琐事可多呢!再说我自己的儿子嗷嗷待哺,这根本就是泥菩萨过河的事。我决定推辞。就在我开始婉拒的同时,桂珍却爽快地答应了:"一起来好了,没事的。"

就这样,我们家的常住人口里,又多了两位我的学生。

既然答应人家住进来,成为我们的家庭成员,可想而知,我和桂珍要付出多大的精力。每天,桂珍总是不到六点就起床,要为我们自己一家三口和我的两位学生洗涤衣服,接下来是做早饭,等到我和两位学生吃饭时,桂珍要叫醒儿子,给他穿戴、洗漱、喂食。好几次,我都对桂珍说,这样下去不对,我们自己会被拖垮的。

眼见得桂珍整天一副没精打采的样子,我终于对金江说:"你家里有姐姐,下周起,是不是就跟你姐姐过。"

金江读六年级了,人也聪明,特别理解我的难处,他懂事地说:"何老师,我知道了。"

这一天吃晚饭的时候,桂珍问:"金江呢?"

我告诉她金江喜欢和姐姐一起过,不来我们家了。

桂珍将满脸的不信任、不开心挂在脸上。等到飞江吃完饭,走上楼去复习功课,她悄悄地说:"金江是你把他支走的吧!"

"是的,我们家都成了第二所学校了。"我说。

"那你为什么要支走金江,而不请走飞江呢?"

我没想到桂珍会这样问。是啊,论道理,金江是我的学生,而且正在我班上读,照顾他辅导他更妥帖;飞江呢,不但小学时我没教过他,而且人家现在已经上了初一,更不在我们学校了。但我也有我的道理:一是飞江的爸爸专程到我家来托付飞江,而金江只是以飞江的附带进居的;二是飞江的爸爸在外做工程包头,说不定将来我有需要人家帮忙的地方。

我把自己的想法和桂珍说了。她听后,用十分奇怪的眼神看着我,仿佛要看穿我隐藏在这些美丽话语后的污垢。我被她的眼睛看得很不自然。

"我觉得,你还有一句真话没说?"她很自然地笑,我很不习惯地听。

"什么真话?"我有点心虚。

"飞江的爸爸是老板,你想帮你侄子安排个行当。"桂珍的话剥得我赤身裸体。我觉得一阵脸热。其实,她没说错,我侄子风光是几次对我说过,想去飞江爸爸的工地做些轻便活。我觉得这也正常,他儿子在我家吃住,大家互帮互助么。人和人之间就是这么回事。

桂珍知道我在想什么,接着说:"金江家父母不来打招呼,可能觉得他们不好意思来托,但我相信人都是聪明的,人家肯定也记在心里的。"见我有点触动,桂珍继续说:"两个都是学生,不管他们家里有钱没钱。应该一样看待。"

不管家里有钱没钱,都应一样看待。我被桂珍说得阵阵脸红。

就这样,我又将金江请到了我家。有一次,正是水蜜桃上市的日子,那天放学回家,我看到桌子上放着两个桃子。给谁呢?两个学生加上我的儿子,我一想,大义灭亲算了,给飞江和金江每人一个得了。反正我相信桂珍在这类事上从来都是"先人后己"的。

而当我将桃子分给他们俩时,金江一个劲地说不要,我想金江可能自从上次受了我的"辞退"后心有阴影,为改观自己的形象,我殷勤地执意给他。被我逼急了,金江说出了实情:"这蜜桃是天天妈妈(称呼我妻子)买来的,刚才她已经让我吃了三个了,这两个是我吃剩的。"

原来如此,多"偏心"的桂珍。晚上睡觉时,我说起了此事。她听了笑笑说:"我偏心是因为你偏心在前,每次吃晚饭时,你总是叫飞江吃菜吃菜,很少听到你对金江说。"

"是吗?你真多心眼!"我有点嗔怪道。

"不是我心眼细,而是你真的有点偏心。"停了停,她说,"其实,家里穷点的孩子是很早熟的,你不要以为金江只是孩子,我觉得金江挺聪明的,你要保护孩子的自尊心。"

最后这几句话,声音轻得像从远处飘过来的,但我听得清楚真实。

若干年后,金江当上了幼儿园老师,供职在浙江省机关幼儿园。小伙子年年被评为幼儿园优秀教师,有一次,还被学校选派赴国外深造。我在电话中向他祝贺。当谈到教育培训时,他在电话那头说:"其实在国外只是开阔了眼界而已,教育培训核心是培训人的教育情怀,而这一点,我比别人幸运,小时候在您家,特别是从天天妈妈身上早就感同身受了。那时候,我父亲常生病,生活困难,我吃住在您家,每年只付几百元钱,而天天妈妈还不肯收,总是偷偷地把钱还给我爸爸。"

我傻了,这么多年了,桂珍从来没有提起过还钱一事。相反,她总是这样说,金江妈妈每月将儿子的生活费和飞江一样,分文不少地寄她的。这么说来,桂珍一直在瞒着我。

说起来,我也算是教书育人、为人师表战线上的一员老兵,但在心地善良、包容他人等方面,我觉得自己远远不及桂珍。

2002年,我们学校新分来了一个青年教师邵瑞。他活泼正直,热爱教育,在艺术教育及少先队工作方面很有自己的一套。我们常常凑在一起,讨论交流艺术教育和学校文化建设,有时就连星期天也会聚在一块。休息天学校食堂关门,为解决温饱问题,我将小伙子带到家里。一来二去,邵瑞成了我家常客,按他自己的话说"我是来骗饭吃的,天天妈妈的饭菜做得特别好吃"。

我知道,桂珍做饭确实像我们做教育一样,用心用功的。特别是知道邵瑞喜欢海鲜,她会尽可能"投其所好",星期天一大早,去菜市场买来河虾、蛏子、螺蛳、黄鳝等,然后,仔细清洗,用心烹饪。等到我和邵瑞从学校回来,餐桌上已经放好了一桌子好菜。

一周又一周,一年又一年,邵瑞乐不思"家"。即使我不在家,他也经常到我家吃饭,仿佛我们的儿子。和我们不太熟的人,看到我们一块有说有笑地吃饭聊天,还以为他是我们的儿子,羡慕地说:"你们一家真幸福!"

邵瑞嘴甜,等客人散去后说:"说实话,在我心里,你们和我的亲爹亲妈没啥两样！"

桂珍好像真是邵瑞亲妈似的，有段时间，邵瑞因为家里有事，没到我家来吃饭，她天天问我，是不是我和他闹意见了。还说，他年轻，你要允许他发表自己的意见，不要以为自己是校长，就容不得老师表达诉求。我被问烦了，没好气地说："邵瑞又不是我们生的，你那么关心他干吗？"

桂珍听后，并不生气，更没有觉得委屈，用十分平和的语气说："做人要讲长情，我觉得邵瑞对我们也是真心的，人情是一辈子的。"

有一年，邵瑞患上了肺结核。邵瑞的爸爸妈妈是非常传统的种田人，为少让父母担心，邵瑞对父母隐瞒了真实的病情，只告诉他们去杭州看个小病。邵瑞在杭州住院的半个多月时间里，桂珍几乎每天和邵瑞通电话，询问病情。一到星期天，她便催我去杭州医院看望邵瑞，仿佛住在医院的，不是我的同事，而是我们的儿子。

邵瑞出院后，桂珍又主动请邵瑞住在我家。她从书上了解到患肺结核病的人，需要食用甲鱼、老鸭之类的高蛋白食物，她就托人从外地买来了一只野生大甲鱼，用砂锅炖好后，叫邵瑞一个人吃。那时，儿子天天才读小学四年级，也很想吃甲鱼。桂珍就从菜市场买来个养殖的，算是解了孩子的馋。

邵瑞感动至极，好几次对我说："遇到您是我的福气，遇到天天妈妈更是我的幸运。"

几年后，邵瑞被评为区十佳优秀青年教师，区教坛闪光人物，绍兴市级优秀辅导员。有一年，市里组织优秀青年事迹报告团在全市演讲，面对上千名教师，邵瑞深情而真挚地说："我们常常狭隘地以为，教育家应该来自教师、校长，产生于教育界。其实放眼周围，有多少豁达、善良、高洁的教育灵魂，他们心无旁骛、毫无杂念地用自己的身体力行滋养着天真、纯洁的心灵，成就着一个个鲜活的生命。这些人，不一定是教师，是校长，甚至不是教育人；他们可能没有教学论文，没有课堂经历，没有获奖证明，更可能没有教师资质，但他们读懂了生活，读懂了教育，读懂了人之所以为人。"

第一章 亲情久久

　　我知道,邵瑞的这些话,说得动情真实。动情在于体验过,真实在于感受到。是的,作为一名非教育人,桂珍应该有资格接受教育对她的感谢和敬意。

　　当然桂珍绝不需要这份感谢和敬意,因为我知道桂珍所做的一切,都是有根有源的。

　　桂珍小时候家里很苦。母亲早逝,靠父亲一人做些小生意,维持一家七口的温饱常常吃了这顿没了下顿。有一年夏天,太阳特别扎人,10岁的她去村子里拾鸡粪。因为家里没了吃的,她一整天还没有进过一粒米,后来就饿倒在路上。幸好被村小学金老师发现了。老师把她带到自己家,给她饭吃,还夹上了一小块咸带鱼。她几次对我说,那碗饭,是她一辈子最好最香的饭;那块咸带鱼,是她一生中最珍贵的美食。那时,她就暗暗立誓:"长大后,一定要像金老师,待别人好。"

　　她还真的说到做到了,尤其面对需要关心的人。

　　我常常这样想:大凡女人选择爱人,都有一个自己拟定的标准。比如有的为情而嫁,有的为财而嫁,有的为官而嫁,有的为才而嫁。我没有问过桂珍,她嫁我是看好我的什么。但从我与她二十多年的相处来说,我想,她选择我,除了我的为人之外,还应该含有为教育而嫁的意思。

　　我想我的感受是真的。

姐姐许到后门头

"雕雕（方言，意为挖出来）马兰头，姐姐许（嫁）到后门头。"这是我们家乡广为流传的童谣，也是我平生最先学会的歌谣。我至今仍不明白"雕雕马兰头"与"姐姐许到后门头"有何关联，但我一直坚信：天下的"姐姐"一定疼爱弟弟（妹妹）。要不弟弟（妹妹）不会用"姐姐许到后门头"的吟唱，执意把姐姐"拴"在自己的家门口。

我有两个哥哥，三个姐姐。在20世纪四五十年代，父母为养活我们六个，靠牛马般地整天劳作，节衣缩食，才幸免我们冻死饿死。至于我们兄弟姐妹的日常起居、生活琐事都是靠我们自己心照不宣地"互助"了。大姐"结对"大哥；二姐"拉手"二哥，小姐姐（事实上我一直喊她为姐姐）"承包"了我。

姐姐大我11岁。听母亲说，我第一个学会呼叫亲人的词不是"姆妈"而是"姐姐"。这不能怪我不孝，只能说我自小重情——姐姐与我日夜厮守，于情于理，第一支"赞歌"当然要献给我的姐姐。更何况，我姐姐长着鹅蛋脸，大眼睛，高鼻梁，梳着长长的辫子，美若"小芳"，鸟爱羽毛人爱美么——潜意识的事谁也管不了。当然，大人们说的这些我是不记得的，定格在我心里有关姐姐的最初画面，是我6

第一章 亲情久久

岁那年,姐姐用她那根乌黑发亮的长辫子,教我做算术。

我是5岁半上的学。我清楚地记得,那一天,姐姐缠着来村里招学生的老师,一遍一遍地说,我弟弟虽然腿脚不大方便,但很聪明,会唱好多好多歌。老师当场"考"了我。我把姐姐教我的歌唱开了:从《我爱北京天安门》到《大海航行靠舵手》,还加唱了京剧《红灯记》中"都有一颗红亮的心"。自小我唱歌很准,声音又响又脆,老师听了很喜欢,破例收下了我。于是,姐姐高兴得逢人便说:"我弟弟5岁,就被老师招去读书了!"

可是姐姐哪里想到,智商平平的我,除了鹦鹉学舌地会唱几首歌外。一进学校,马上成为不折不扣的差生。识字不快,至于算术,我连三加四和四减三也不会。老师开始讨厌我,我也常常为做不出算术哭鼻子。有一次,姐姐来接我,老师对姐姐说,叫你弟弟明年再来读书。

我很高兴。可是姐姐不同意,央求老师让我再试试。

为了"让我好起来",从没上过学的姐姐,白天到生产队干活,晚上做起我的"家教"。姐姐拿来几根她编扇子的麦秆,用粉染成红的绿的,很漂亮。她将红的麦秆摆3根一堆,绿的4根一堆,叫我一根一根地数红的多少,绿的多少,合起来又是多少。在姐姐的反复训练下,我终于知道一根麦秆表示一个"1",这样我就不会一听加法,只会1,2,3,4,5,6,7地一个劲地数下去。会算数了,但我不会写数,特别是"3"字,弯来弯去,像根肠子,我怎么也写不好它。有一天,姐姐吃完晚饭,别出心裁地用她的长辫子弯出了一个"3"字,说:"弟弟快看,姐姐的辫子像什么。"

"像3字!"我说。

"你用手指绕着姐姐的辫子来转转。"姐姐高兴地蹲下身子,把她的"辫子3"摆在我够得着的位置。原来3就在姐姐的辫子上,我觉得真好玩。我伸出手指,顺着她弯好的"3"玩走"迷宫",我玩了一遍又一遍。忽然,姐姐"啪"的一声倒在地上,来了个嘴啃泥。原来姐姐白天在队里割了一天的麦子,本来就累了,而为我学写这个"3",又长时

间地蹲着身子,供血不良,一时头晕便栽倒了。幸好那时我们家没有条件用上水门汀,要不姐姐的牙准被碰落。

我吓得大喊"姐姐"。姐姐从地上爬了起来,冲着我一笑,擦去满口的泥巴:"没事的,你再写。"姐姐的长辫又变成了黑亮亮的"3"字。就这样,我终于在姐姐的长辫上,利索地学会了"3"的书写。老师说我写的"3"和书上印出来的一样。从此以后,我写字一直都是班上第一,直到高中毕业,我一直担任班级黑板报抄写员。姐姐的辫子,是我弥足珍贵的"自制"教具;"辫子写数法",是我姐姐献给教育的伟大创举。

我把老师的表扬,说给姐姐听。姐姐很自豪说:"我是对你们老师说,我弟弟很聪明的。"姐姐把一脸的自信,深深地种到我的心里。

晚上,姐姐给我洗净了脸,哄我睡觉。我看着漂亮的姐姐,念起了刚刚学会的童谣:"雕雕马兰头,姐姐许(嫁)到后门头。"

姐姐笑了:"为什么姐姐要许到后门头?"

我说不知道。

"弟弟,姐姐要许到别的地方,你说好不好?"

我说不好。姐姐说为什么不好。我说姐姐许到远的地方,就没人带我去雀嘴(附近乡政府名)看电影了。姐姐说是的是的,我是说过的。我说对的,等我长到7岁,你就带我去看"李铁梅"。那时,我听姐姐说有一个很好看的电影,叫《红灯记》,有个李铁梅和我一样会唱歌。姐姐还教过我其中几句,我至今记得我会唱的第一个京剧段子"我家的表叔数不清",是姐姐一个字一个句地教我的。姐姐不识字,虽然姐姐记性极好,但常将家乡方言和京剧唱词搞混,比如我家的表叔"数"不清,姐姐就教成了我家的表叔"说"不清,当然这是后来我才知道的事。当时,我只觉得姐姐唱得很好听,更想去看那个会唱歌的"李铁梅"。姐姐总说,等你长到7岁,就带你去。我说为什么要到7岁,姐姐说7岁就是7岁,不要问为什么。

"你不带我,我自己去。"6岁的我,产生了强烈的反叛心,而且像拌了酵母的面粉一样,越发越大,推动着我"废"了姐姐的规矩特立独行。

这一天放晚学,我没有回家,而是一个人"闯天下"——去雀嘴看电影。这是我生平第一次一个人"出远门"。我不知雀嘴离家有多远,也不知道雀嘴到底在什么地方,只根据姐姐平常对我说的:走过了一座五眼桥,又过了一座分金桥,可是那个令我日思夜想的露天电影场,到底藏在哪里呢?夏天的落山太阳,依然很辣,我感觉自己被晒得快焦了,口干得要死,越走越跨不开脚步,一个趔趄,我重重地摔了一跤。一阵钻心的疼痛,我卷起裤腿,发现右膝鲜血直流,我又痛又吓,大哭起来。

有个过路的老大妈,见我跌得厉害,用自己的一块手帕按住了我的伤口。她问我家在哪里,可我说不清楚,只会一个劲地哭。

天开始暗了下来。我的身边围满了一批人,他们急切地问我住哪里,父母叫什么。而我,除了知道姐姐的小名叫"爱爱",其他什么也说不出来。急得路人直摇头,我一个劲地哭。

"弟弟——"一个熟悉而尖厉的声音。

是姐姐?我放下了揉着泪眼的双手。是姐姐,姐姐红肿着眼,披散着头发,像饿狗发现了美食,猛扑过来,紧紧地抱住了我,生怕我腾空高飞。

"姐姐——"我比刚才哭得更凶了。

后来我才知道,姐姐从地里干活回来,发现我不在,急得到处去找,学校里,我的伙伴那里,老师那里都问遍了。我父亲母亲和哥哥姐姐们沿着河边又是叫,又是喊。我姐姐更是急疯了,哭喊着我的小名,不知摔了多少跤。后来,姐姐忽然想起了什么,一个劲地往雀嘴方向跑。

那天回到家,姐姐一边包扎着我的伤口,一边流着眼泪。过了好久,姐姐抱起我,把我举过了头顶,还叫我坐在她的脖子上。好一会儿,姐姐像下了决心似的,对我说:"明天,我带你去看电影!"

"真的!"我高兴得什么都忘了。

姐姐只是更紧地抱住了我。自此以后,只要雀嘴放露天电影,只要姐姐自己去看电影,姐姐的肩膀便是我柔软舒适的"专座"。

稍大以后,我才知道,姐姐坚持要我长到7岁,才带我去看电影,是因为我右腿有点毛病,姐姐担心我走不动从家到电影场的3里多路,还怕我在人流如水的电影场被人挤倒。

事实果然如此,每次去雀嘴看电影,我只能走一小段路,再走下去腿就发软,会摔跟头。每当这时,属马的姐姐,就会用她马一样忠实,无怨无悔地背着我往前走。

我7岁那年,邻村有个小伙,记忆中他长得高大挺拔,常来找我姐姐。母亲叫我喊他哥哥。好一段时间,姐姐带着我和那位哥哥一起去看电影。有时候,那位哥哥还背我回家。

有一次,我们在看京剧《沙家浜》,刚看到阿庆嫂在春来茶馆给客人倒茶,我好像受了启发,口渴得要命。那位哥哥主动带我到电影场最东北角的小摊边,给我买了一支棒冰,一包瓜子,叫我不要走开,坐在地上吃,过会儿他和姐姐来找我。有瓜子还有棒冰,我当然很高兴。

那位哥哥安顿好我后,马上挤进了电影场。

我刚吃完棒冰,正准备打开纸包嗑瓜子,姐姐青着脸,气喘吁吁地跑了过来,后面跟着那位哥哥。

姐姐拉起我的手,一脸不高兴地说:"弟弟,我们回家!"

那哥哥显得很不自然,赔着笑说:"你弟弟要在这里吃东西。"

姐姐不说话,背上我就走。那哥哥想来背我,姐姐闪过身,大吼道:"不要碰!"

"为什么?"

"这是我的弟弟!"姐姐的声音像极了李铁梅骂鸠山。

我不知他们到底发生了什么,但是我隐隐约约地觉得与我有关。

那个哥哥终于没有成为我的哥哥。后来听母亲说,姐姐其实是有点喜欢那位哥哥的。由于姐姐每次与他去看电影,总是背着我,抱着我,那哥哥觉得什么话也不好说。那天想趁我喊口渴,以让我吃棒冰为名打发我一阵子,想单独和姐姐说说话。谁知姐姐知道后,骂他不是人,要是我弟弟丢了怎么办,气得与他断了交。

我把母亲的话告诉了姐姐,还天真地问姐姐:"是这样吗?"

姐姐怎么回答我的,我记不清了,依稀记得姐姐抹了下眼睛,说:"弟弟,给姐姐唱马兰头吧!"

我脱口而"唱":"雕雕马兰头,姐姐许到后门头。"

"嗯,后门头。"姐姐的声音很轻,好像是对我说,又好像是对自己说。后来,28岁的姐姐找了一个比她小3岁的"哥哥"。而且那"哥哥"论长相、论见识,都和姐姐相差甚远,姐姐完完全全是"屈嫁"于他。但姐夫家离我家不过10米,姐姐千真万确地嫁到了"后门头"。所幸我姐夫心地善良,对姐姐关心体贴,才令我负疚不是太深。当然,这是后话。

就这样,姐姐依然一个人背着我,去雀嘴看电影。受姐姐的影响,我不喜欢看一般男孩子喜欢的战斗片,如《南征北战》《地道战》等;而是喜欢看《红灯记》《智取威虎山》等之类的样板戏。随着我的年岁渐长,年级升高,又喜欢看戏,喜欢记戏里的唱词,我的识字量大增,我几乎将几个样板戏的唱词全记住了。那时候,没有收音机,更没有录音机,要唱戏听戏,只能根据电影里看到的听到的,自娱自乐。姐姐和朋友们唱戏的时候,总会叫上我。他们忘了词,我不但非常正确地告诉他们唱词,而且还能模仿着电影中的唱腔唱给他们听。每当这时,姐姐总是规规矩矩地坐着,歪着头看我"表演"。那神情,远远胜似庙里拜佛的善男信女。

看了电影记了戏,戏里的唱词大大提升了我的作文水准。每次我的作文都被老师批上100分,我成了同学老师公认的"作文大王"。班上考试,我的语文年年得第一。才念了四年半书,老师说你的成绩好,直接念初中去吧。那一年,我才10岁。那天回家,姐姐高兴地抱着我、亲着我,为她孱弱的弟弟终于成为令人刮目的"风景"而激动,而自豪。

为锻炼我,姐姐还常常要我代邻居写信。那时候,农村里没有电话,更没有手机,联系远方的亲友只能通过写信。而乡村里大多数人

不识字,姐姐逢人便说:"写信找我弟弟好了。"那时如果给她一个喇叭,姐姐会向全世界广播:我弟弟会写信了!

在姐姐的"招揽"下,来我家找我写信的还真不少。什么人都有,老人、妇女、青年,做生意的,退休工人……我也写过各种各样的信。有问候的,有思念的,有痛骂的,甚至还有表达爱慕的。让人写信,人家总免不了给我一点"小意思",送个钢笔,送只杯子什么的,每每遇此,姐姐总是当场退还人家。姐姐反复对我说:"弟弟,能帮人就要帮,千万不要收人家东西。再说,他们找你写信,是在锻炼你。"

有一次,义王道地退休工人东美伯找我写信,是一封很私密的信,用现在话讲,他其实在外地工作时,和一个相好的同居了。我根据他的意思,写好了信,一字一句地读了一遍,东美伯很高兴,夸我写的比他想的更好。临走时,东美伯送了我一元钱。

我很高兴。一分钱可以买一大截甘蔗,这一元钱可以买多少甘蔗啊。忽然,我想起姐姐说的话,我开始紧张了。为了瞒过姐姐,我把一元钱藏在我的内衣里。可是,晚上睡觉时,姐姐帮我整理衣服,还是发现了。在姐姐严厉的追问下,我说了实话。

"你这么眼浅!"姐姐气得打了我一个嘴巴。这是我记忆中姐姐第一次打我,也是唯一一次打我。

姐姐重新给我穿好了衣服,拉着我,把钱还给了东美伯。回来的路上,姐姐说:"一块钱是用得光的,一个人情是一辈子的。"

"人情一辈子",姐姐的话像一粒种子,深深地根植在我的心田里。三十多年过去了,岁月的坎坷,世道的凶险,人情的冷暖,让我越来越体悟到"人情一辈子"的道理。我由衷地感谢我的姐姐:在纷繁的物欲狂潮中,在错杂的人情迷宫里,我倚仗着姐姐的"人情"之树,春日观花,夏日听蝉,箫吹秋月,酒饮冬雪,过得坦坦荡荡,有情有义。

第一章 亲情久久

我的哥哥叫"强盗"

哥哥属虎,长我六岁。长得酷似歌星蔡国庆,长脸,大眼睛,高鼻梁。不,应该说蔡国庆长得像我哥哥,因为哥哥在1959年出生的时候,蔡国庆可能还没想好光不光临人世呢!

记忆中,我喊哥哥为"强盗"。这当然不是我不礼貌,是哥哥要我这样叫他的。自他看了五龙庙里演的《武松》后,对强盗异常崇拜,觉得我称其"强盗",是对他的尊称。

除哥哥之外,全家人都护着我。姐姐整天牵着我,生怕我腾空而飞;母亲有空没空就为我擦擦脸,与其在维护我的"门面",还不如在传递对弱小的爱恋。父亲呢,只要他不外出做生意,他的肩膀便是我温暖的专座。

我小时候长得瘦弱,常生病,但天性贪玩,特别喜欢放风筝。哥哥简直就是扎风筝的高手。他扎的风筝不但栩栩如生,如笑眯眯的大老鹰,咧着嘴的大恐龙,而且飞得特别高,令我担心被月宫里的小白兔顺手掠走。每当哥哥的风筝飘舞在空中,一大帮和我差不多大小的毛孩,馋得只会瞪眼不会闭嘴了。

这时候,我自豪得和风筝一样飞到了天上。哥哥总是在这个时候,把他手中长长的风筝引线交给我,让我任意驾驭"老鹰",操控"恐龙"。那时候,我的感觉,绝不亚于总统把持着偌大的国家。

哥哥去割羊草了,他要完成父亲的"作业"。记得我6岁的时候,父亲给哥哥下令:每天晚学割上一大篓羊草,要不就罚他饿一顿。

哥哥贪玩,常有"违旨"的时候,每当哥哥"与羊共饿"的时候,我常在一边偷笑。这时,哥哥总会朝我龇牙咧嘴,将两个拳头攥成两个铁榔头,在半空中比划着。我吓得连忙躲到父亲背后,大喊害怕。而当父亲顺着我的指点看哥哥时,没事啊!哥哥像电影里被抓的鬼子一样,正吓得瑟瑟发抖呢!我也为此被父亲责怪"你也是的,喜欢痛打落水狗!"现在想来,哥哥真具有演戏的潜质,只可惜生在我们这个穷苦的家庭。要不,成不了影帝也是影星。

这一天晚学后,哥哥将"恐龙"送上了天空,便将长长的引线交给了我,自己到远处的地里割草去了。

我牵着"恐龙",望着在蓝天下又舞又唱的风筝,兴奋地和它对话:"再唱响一点!再唱响一点!"

正在这时候,来了两个比我大点的毛孩。其中一个瘦点的盯着风筝,不停地咽着口水,仿佛正吃着一颗酸得爽透的话梅。我正想和他们说话,胖点的毛孩一阵风似的,旋转起来,等我反应过来,我手里的风筝线就到了他的手上。

"哥哥——哥哥——"我又吓又怕,用足了全身的力气喊。

可是,那两个毛孩,抢了我的引线,仿佛骑上了"恐龙",早就逃得无影无踪了。

可是哥哥不知去哪里了。我丢了风筝,灰心得像被放瘪了气的皮球,瘫倒在地上,呜呜地哭。

哥哥背着满满的一篓羊草回来了,一看我的"惨状",知道是怎么回事了,他丢下手里的青草篓,像豹子一样,蹿了出去。

不一会儿,哥哥肩上背着他的大"恐龙",两手逮着抢我风筝的两个毛孩,来到我的面前,将他俩像拎小狗一样拎起来,问我:"他们有没有打你?"

说实话,他们并没有打我。但我恨透了这两个家伙,想也不想地说:"打我的!"

"叫你们打人!"哥哥用劲地将他们两个扔到地上,像扫子弹一样骂道:"叫你们抢东西,叫你们抢东西!"

"哇——"一阵像死了人一样的哭声,撕破了沉寂的空气,我一看,是瘦点的毛孩的哭叫声。

"你算什么?"胖点的毛孩胆子大点,从地上爬起来,擦着满嘴的泥巴。

"我是强盗!"哥哥的声音,吓得胖点的毛孩倒退了几步。

在两个毛孩失魂落魄、鬼哭狼嚎之中,我们哥俩扬眉吐气、趾高气扬地班师回朝了。

回家路上,我问哥哥:"你为什么说是强盗!"

"强盗不好吗?"

"不好!"

"武松也是强盗,你说好不好?"

"好的。"

"林冲也是强盗,你说好不好?"

前些日子,我刚跟着父亲看过绍兴大板《风雪山神庙》,知道林冲是个绿林好汉,"好的。"

"这就对了,强盗中也有好的。"

"你是个好强盗!"

"嗯,以后人家欺侮你时,你就说我哥是'强盗'!"

我觉得哥哥真是个好强盗。

可是,强盗毕竟是强盗,哥哥还是闯下了大祸。刚吃了晚饭,隔壁郎定伯伯就找上了门,我一眼就认出刚才抢我风筝的瘦毛孩,耷拉着脑袋,跟在郎定伯伯的后面,一副可怜兮兮的样子。郎定伯伯还没进门,就火急火燎地对父亲说:"你儿子福寿,把我外甥的胳膊摔断了。"

啊,原来,那个瘦点的是郎定伯伯的外甥。我们正要抵赖,缚着绷带的瘦毛孩,像吓破了胆的兔子一样,畏畏缩缩地挪进了我家。郎定伯伯凭着自己的想象,纯属虚构地"控告"着哥哥。我父亲一面对

郎定伯伯赔着千不是,万不对,一面叫母亲到里屋取钱,给他们"报销"医药费。

等送走郎定伯伯,父亲关上了门。我看到,父亲的脸涨得就像落山的太阳,连胡须也染成了可怕的橘黄。哥哥知道不妙,正要逃,父亲一把将他逮住,只听"啪啪"两声,哥哥白净的脸上,立马染上两片桃红:"今天晚上不准你困觉(方言,睡觉的意思)!"父亲的声音在墙上跳来弹去。

我吓哭了。

父亲终于被母亲拉走了。

立壁罚站的哥哥,又像松了绑的英雄一样,冲我做着鬼脸:"我像不像强盗?"

"像的。"我高兴地擦去泪水。

"你应该谢谢我这个强盗。"我不知谢什么。哥哥望着一脸不解的我,开导道:"你不是有钱存着吗?"

一听说钱,我有点紧张,那是父亲做生意回来时给我的一角钱,他特地关照我不要告诉任何人,哥哥怎么会知道呢?

"我没有——钱。"我低声说。

"说谎。"

"没有,真没有。"

"别装了,你的眼睛写着呢。"

我赶快到里屋照镜子,可是没有发现眼睛里写着什么,还是跟平常一样的。我跑到外屋对哥哥说:"眼睛里没写'说谎'啊!"

"眼睛里写的谎话,别人是看不到的,只有强盗能看到。"哥哥一本正经地说。

原来眼睛里的谎话,是写给强盗看的。我终于相信了,把一角钱的来历及藏在枕头里的实情,告诉了哥哥。

第二天一早醒来,哥哥不见了,我的一角钱也飞了。那天晚上,哥哥告诉我,父亲有没有给我钱,其实他是不知道的,是我自己中了他的套。但他知道,按惯例,他闯下了大祸,父亲第二天肯定要让哥哥"与羊同饿"的。他可不愿挨饿,就"盗"了我的钱,买了两根油条、四个馒头美餐了。我知道后,又气又心疼,直骂他"强盗!"

他笑得就像公鸡在打鸣:"我就是强盗!哈哈……"

自此以后,我真称他为"强盗"。

我上了小学后,哥哥已经念初中了。我念小学三年级时,丁老师在语文课上,教了我们几个成语,还要我们用成语说一句话。有几个成语好记,也好说话。有几个成语特别难理解,更别说用它说话。

有一天,我又在背成语,就是背不出意思,我急得直掉眼泪。

这天晚饭,我们吃的是年糕泡饭。20世纪70年代,是个饥荒的年代。我们家还好,父亲隔三岔五地外出做些海产买卖生意,有点钱赚进来,一家人还不至于挨饿,但粮食还是很紧张。我们小孩每月14斤米票,上了初中二年级的哥哥,长得风吹一样快,胃口好得像头牛。母亲常说14斤米票,只够哥哥吃10天,剩下的20天,哥哥就占家里人的份,可是其他人也不够啊。那时候,我只听哥哥一天到晚喊"饿死了,饿死了!"

为了不饿死,他经常从我那里打牙祭。吃任何东西的时候,哥哥总会想方设法地霸占我一点。为了防止他多吞多占,家里很多食物,母亲常常以绝对均等的形式,分配到人。一根甘蔗,一般都是拦腰分截的。分到靠近根部的,常常因甜份足而短一些,近梢头的,因为甜度差点,而长点——这也常常成了我和哥哥吵架的起因。为公平起见,母亲创造性地将一截甘蔗劈成两半。当然,碰到吃年糕泡饭的时候,母亲从来不将年糕切片,因为切片一来麻烦,二来不易分配。所以,遇到吃年糕泡饭,母亲总是将年糕整支(块)泡在饭里煮,一餐晚饭,我和哥哥一人一支(块)年糕。

因为记不住成语,我吃年糕泡饭的心思一点也没有,再说,我也不是太饿。

哥哥看出了我的心事:"又记不住成语了?"

"嗯,那个'囫囵吞枣'是什么意思?"我问。

"这个还不容易。你把碗给我。"

我把装着年糕泡饭的碗给了他。哥哥像变魔术似的,还没等我看清,碗里的泡饭早就吞进了他的肚子,他一擦嘴巴,得意地说:"看到了吗?这就叫囫囵吞枣。"

"这是吞泡饭。"

"意思一样。"

"不一样的,枣不嚼没有味道的,可泡饭不嚼,还是饭的味道啊!"我说。

"有点小道理,一知半解。"哥哥夸我了。他盯着我端在手里去掉泡饭的年糕,像个洁白的大括号,正甜甜地睡在碗里。我看到,哥哥的眼里闪过一层光亮,那种和饿狗见到骨头的光亮。

"你知道'一知半解'这个成语吗?"哥哥突然问我。

"我听老师说过,但不知道意思。"我一向老实。

"想知道吗?"哥哥笑得像朵花。

"想!"我从小就好奇。

哥哥又从我手里,拿走了我的碗,一口咬走了我的半块年糕,把仅剩的半块,塞到我手里。

我知道自己又上当了,气得大骂:"强盗!"

哥哥生怕母亲听到,连忙捂住我的嘴:"你不是想我教你成语吗?"

"可是你没教我啊?"

"我不是教你了吗?"哥哥指着我碗里半块年糕,狡黠地笑着,"本来你是一支年糕,现在半支被我借走了,这不是一支(知)半借(解)吗?"

"这就叫一知半解啊?"

"是啊!"哥哥得意地说。

我望着一碗泡饭,只剩下可怜巴巴的半块年糕,不甘心地大哭起来。哥哥一听,知道情况不妙,赶快逃出了家,直到很晚才回来。

可是,我仿佛没长记性似的,第二天,又会对"强盗"说成语的事。在以后的很多时候,我都会被"强盗"以同样的方法,比如以"平分秋色"的名义,吃走了我的苹果,以"心急如焚"的诠释,吞没了我的香蕉。我后悔、气愤,一遍遍地痛骂他"强盗",但"强盗"总是好心情地对我说:"吃一千(堑)长一智么!"

话虽这么说,但"强盗"的这种教学法,对我的成语学习还是很有帮助的,在后来班级举行的成语接龙比赛中,我还成为班上同学的崇拜偶像,连丁老师也夸我知道的成语真多。

父亲禁止我和"强盗"一同外出去玩,原因是他会带坏我。

不过说实话,没有"强盗"带我的外出,常常会很不顺,甚至是极大的不顺。

我8岁的时候,很想学游泳。父亲说千万不要同"强盗"一同去,他那么野蛮,弄不好会让他把你给淹死。我也觉得父亲说得对。每次"强盗"去河里洗澡,总叫我一同前往,说是会非常耐心地教我,保证我不呛水,但我铭记父亲的话,就是不肯和他一起去。宁可跟着别人游。

跟了其他伙伴们玩了一些时间后,我还真学会了游泳。我很高兴能从小河的这边游到那头,大约十来米的样子。这时候,有人提议学钻"鼻头泳"(方言,憋住气把整个头浸入水中),我们都说好。我们五六个小朋友都练"鼻头泳",一个接一个钻。轮到我了,我大吸一口气,"扑通"一声,像鱼一下潜到水下。起初,我还很有力气,但不一会儿,我感到胸口闷得像压了块石头,我不敢再逞能了,赶快向水面蹿。可就在这时候,我觉得自己的头上,像被罩住了一张严严实实的网,怎么也蹿不出头来。原来,由于水下黑,我游错了方向,钻到河里遍布的花生草丛里了。这种生长在河里的草,夏天特别茂盛,根节相连。如果罩住了你,没有大人帮忙,小孩一般是挣脱不开的。前年有个孩子,就因为钻到水草底下,出不来。等到大人发现将他捞上来时,早已没了气。

一想到这,我吓得用足了吃奶的劲,拼命扯拉着水草,可是水草太多了,任凭我怎样挣扎,除了一口一口地喝水,就是挣脱不出草丛。慢慢地,我觉得自己手脚软了,不听使唤了。

"救——命啊,救——命!"岸上小伙伴们的呼喊声,远得就像山上飘过来的小树叶,轻轻落地。

当我醒过来的时候,正在生产大队的医疗站里,父亲高兴地大喊"醒了醒了!"母亲姐姐抱着我,高兴得大哭。我想起了刚才钻"鼻头泳"的事,很虚弱地说:"我没死啊!"

"幸亏你哥哥,要不,你就没命了!"是医疗站里赤脚医生芹娣的声音。

这时,我才发现,"强盗"正笑着站在父亲的身边,朝我做着鬼脸。我看到他的脚上,也扎着白纱布,纱布里透着血迹,像姐姐绣在白布上的红梅花。

后来我才知道,"强盗"那天为救我小命,他的脚底被河里的破碗片划出了一个大口子,血流不止。但他像打足了气的车轮一样,把从水里捞起来的我,送到了医疗站。后来他的脚底板缝了6针。

我问他痛不痛,他摇摇头说:"我是'强盗',不痛!"

父亲高兴得顺手在他头上奖他个"响梆子"。

我小学毕业后,17岁的哥哥就挑起了生意桶,跟着父亲去城里叫卖,走南闯北。每次回家时,他都会给我带上一两件小礼物,有时,是一支笛子,有时是一把口琴。

父亲在哥哥的配合下,生意做得很不错。后来,我们家建起了一间两层的楼房,引来乡邻乡亲的驻足观望。

等到我初中毕业后,哥哥就要结婚了。根据我们当地的习俗,成了家的男孩要和未成年的弟弟分家,于是,哥哥主动提出,新建的楼房分给我,家里原有的两间破旧小屋归他。

我很感动,等到我们签了分家书后,我想对他说句感谢的话。他仿佛早就知道我想说什么,把分家书朝口袋里一塞,大声说:"我是'强盗',我不会吃亏的。你一间楼房只占了一间地皮,我两间平房,不就占了两间地皮吗?哈哈,又让我抢到了。"他的笑声,好像路上捡到了一块金子,打破了萦绕在父母心上的沉闷。

若干年以后,我当上了生产队里的代课老师,哥哥像喝了甜酒似的,笑着说:"这下好,你可以把我教你的一知半解,教给你的学生了。这样,保证他们能记得住。"

这话还真管用。后来,我还真用这方法去教学生记住某些词句,还确实提高了学生对词句的理解和记忆速度。再后来,我终于知道,这种和生活、习俗、方言等联系起来说话解词的方法,还真有个专用的名词叫"讨彩头",学名叫"谐音"。

1986年正月十七,一个冷得刺骨的日子。风像逞能似的,席卷着稀疏的雪花,吹打着早春的大地,把天地吹得一片寒冷。幸好年味还在大街小巷回旋,要不在这样的日子里,村子里会显得特别的凄凉。

这一天,我从学校放晚学回家,母亲对我说:"刚才福寿来过了,他说去捕鳗鱼苗了。"

"捕鳗鱼苗很危险的,还是不要去好!"我望着窗外阴暗的天空。

"我也对他说的,他说他能在水上走路,不怕的。"母亲嘴里这么说,神色也变得不安起来。"砰"得一声巨响,北风粗暴地关上了家里的大门,听起来心惊肉跳的。母亲合拢了双手,对着土灶上供着的菩萨,嘴里叨念着:"菩萨保佑,保佑我家福寿出海平安!"

"'强盗'总这样,常常做一些令人担心的事!"见母亲担忧,我抱怨道。

"你也不要怪他。"母亲显然不满我的抱怨,抬头望着屋顶,很难过地说,"这房子你父亲在世的时候造好的,到现在还没钱铺楼板。你一岁岁大起来,连楼板都没铺,找对象更困难了。"

我不知道母亲这样说,跟哥哥去捕鳗鱼苗有什么关系。

母亲看了我一眼:"上午你哥哥到这里,对我说,这次他捕了鳗鱼苗卖了钱,就借你三百块,买些木板,把楼板给铺了。"

"'强盗'良心是好的。"我笑了。

"你不要总是'强盗强盗'的,他哪里'强'你了。"母亲瞟了我一眼,"我做娘的心里清楚,在你们这些兄弟姐妹里,其实他最厚道最大度!"我感觉母亲有点指桑骂槐,想为自己辩驳,但一想,觉得母亲对"强盗"的评价也是客观的。特别是随着自己年岁的增长,也已经发

现,母亲当时所谓以绝对公平的名义,给我们兄弟俩,分配一样的食物,诸如每人一块年糕,一个粽子,一截甘蔗等,其实是不公平的,因为严重忽视了"强盗"和我从生长发育等生物意义上的差异性。不说父母那时偏袒我弱小,至少没有做到因人制宜。

窗外的风叫得凄凉,哀怨,像是有人在哭。母亲担心得不想吃饭,我也毫无心情地扒了几口。就这样,我们母子俩呆呆地坐着。就在这时,表姐裕仙哭叫着闯进我家:"阿伯,福寿的船翻了,人也找不到了。"

母亲一下瘫倒在地,晕了过去。

三天之后,哥哥的遗体从海里,被亲邻找到了。全家人围着哥哥哭成一团,母亲几次醒来又晕过去。每醒来一次,母亲总是摸着哥哥的脸,边哭边说:"你不是说会在水里走吗?你怎么不走到娘这里来啊?"

母亲在痛哭,在责怪天,痛骂地。哥哥的儿子——我5岁的侄子,好奇地看看我们,再看看直挺挺躺在门板上的哥哥,对我们说:"爸爸在装死呢!"

一旁的亲友赶紧捂住了侄子的口。

看着年幼的侄子,扶着哭成虾一样的母亲,我轻轻地揭开了蒙着哥哥的白布。望着哥哥英俊的脸,想起了小时候他替我打不平被父亲处罚,抢我年糕教我识词遭我痛骂,不顾危险把我从水中救起,我想起了哥哥对我的种种好处,眼泪像开了闸似的,流成大河。

哥哥,不,"强盗",你先去另一个世界熟悉熟悉,周游周游。若干年以后,我们还会重逢,到时我还做你的弟弟,还喊你"强盗"。

第二章　童年的小摇车

🍃 我 的 摇 篮

摇篮,总是和温暖、甜蜜连在一起。而我的摇篮却和痛苦、辛酸结为一体。当然,严格地说,我的摇篮,其实是箩筐。

朝阳刚刚露面,那红彤彤的嫩色还没有褪去。娘佝偻着身子,挑着淡黄色的箩筐,行走在一条曲曲折折的小路上。路两旁长满齐人高的芦苇,初夏正是芦苇旺长的季节,叶子亮亮的、青青的,被朝阳一沐浴,泛着淡淡的红光,显得娇柔无比。

人的记忆极度有限,多少当时动情的故事,就像一张鲜艳的画,随着时光的流逝,慢慢地褪去那昔日的色彩,模糊成一张再也连不成画面的废纸。岁月蹉跎,新旧更替,但娘的箩筐,不但没有随着时光渐行渐远,反而愈来愈清楚地晃悠在我的眼前。甚至,我还能准确地记得那箩筐的色泽和质地。因为,我娘的箩筐装的既不是稻谷,也不是棉花,而是娘为我定制的"摇篮"。

我5岁的时候。有一天,姐姐说我右腿有病,娘要带我去看医生。病是谁?医生是谁?我可不认识他们。娘笑笑对我说,哪是什么病,那是你的腿长得好看,有个医生想看看。

其实姐姐说得没错。后来我才知道,我3岁的时候患上了小儿麻痹症,高烧了一个星期,等到烧退去,我的右腿再也不像以前那样灵活有力了。娘发疯似的抱着我跑遍了医院,换来的都是"这病没法治"的回绝。可是我娘像个输多了钱的赌徒,总不甘心。日前娘打听到距家十多里外的夏盖山,来了几个解放军医生,能治小儿麻痹症,娘决定带我去找医生看病。怕吓着我,娘故意把事情说得跟哄我睡觉一样,温柔轻松。

其实那时的我,根本不知什么叫病。

我觉得娘说得对。我的右腿和左腿一样,不痛不痒。最多只是和才明、秋海他们追起小狗、小猫来,跑不过他们,可他们年纪比我大啊。但姐姐却说:"跑不快就是病。娘要带你去夏盖山看医生,让医生医好你的腿。以后,你比小狗、小猫跑得都快。"

再想想,姐姐说得也对。我依稀感觉到我和才明、秋海他们走路不一样。他们走起路来,两条腿像比赛似的,为了抢第一,一样的快慢,一样的姿势,互不相让。而我走路时,右腿好像姐姐,左腿好像是我,姐姐总是让我先吃先喝。这难道就是姐姐说的病吗?我的"病"长得好看,让医生看一下,我就能追上小狗、小猫了。我很高兴,吵着娘立刻去找医生。娘笑着擦擦眼睛说:"傻孩子,天都黑了。明天一早,娘带你去。"

第二天,天才蒙蒙亮,娘就唤醒我,笑着对我说:"娘现在就带你去夏盖山。好不好?"

我就迷迷糊糊地说好。

娘把我抱起来,放进了一个竹子做的东西里。我还从没见到过那东西,坐在里面,觉得很好玩,我问娘:"这是什么啊?"

娘说这是摇篮。

就这样,趁着清晨天气凉快,娘推开了大门,挑起我的"摇篮"上路了。后来,我才知道,这哪里是什么摇篮,这是家里一对用来装运东西的箩筐。

夏天的太阳飞一样地跑。转眼间,太阳的红光变成了白光,好热啊!可夏盖山怎么还不到呢?我坐在箩筐里一个劲地问娘。娘一面喘着粗气,一面对我说:"快到了,就到了。"

"姆妈,我饿,我渴!"

娘找了个背光的地方,卸下了肩上的担子,用缠在手上的毛巾擦了把满脸的汗水,先从另一个"摇篮"里捧出一块大石头,再把我从箩筐里抱了出来,让我坐在石头上面。

啊,原来那个"摇篮"里坐的是石头。我问娘:"那个医生也喜欢看石头吗?"

"石头是陪你去的。"娘变戏法似的从装石头的"摇篮"里掏出一个黄金瓜(甜瓜),用毛巾擦了擦,递给我。

我接过瓜,狼吞虎咽地吃了起来。娘用两只手使劲地给自己扇着风,我看到娘的头发和汗水牢牢地粘在一起了,我怜惜娘,把吃了一半的黄金瓜递给娘:"姆妈,你吃。"

"娘不饿,你吃吧。"娘用温热的手擦了擦我的嘴,抬头望望越升越高的日头,嘴里念念有词:"六月里的日头,蛮娘(后娘)的拳头,我们赶紧走路!"

娘把我小心地抱进了"摇篮",当然,也把"陪同"的大石头装进了另一个"摇篮"。

太阳好刺眼啊!风好像犯了错被关进了房间,两旁的芦苇像中了暑,连动一下的力气都没有了。娘挑着我和大石头,一步一步地向前走。我感觉到娘的脚步没有刚才那样轻快了,好像家里的老鸭子走路,一摇一摆的。

"姆妈,夏盖山还没到啊?"我问。

"快了,你唱完《月亮婆婆侬有几个囡》就到了。"

《月亮婆婆侬有几个囡》,是娘晚上睡觉时教会我的。娘说我记性好,唱的声音好听,每次家里来人,娘总是叫我唱给大家听。娘喜欢听我唱,那我就唱:"月亮婆婆侬有几个囡,我有十个囡。一个囡,欧伊(让她)去揩桌,揩了四个各(角)……"

唱完一遍了,我又问:"夏盖山还没有到啊?我们不要去了吧?"

娘气喘得有点急,但声音很响亮:"你问问石头弟弟,他说不去就不去。"

我对另一个"摇篮"里的石头说:"我们不去,好不好啊?"

石头不说话。我又对娘说:"他不回答。"

"石头弟弟想去呢!"娘说,"再唱一遍给石头弟弟听,我们就到了。"

我又脆脆地唱起《月亮婆婆侬有几个囡》。

娘终于把我挑到了夏盖山。夏盖山真高啊,山脚下有一块很大的空地,空地后有几间平房,像火柴盒似的围成一个框。娘放下了担子,把我从箩筐里抱了出来。我坐在箩筐里时间长了,右腿好像不是长在我的身体上,连站都站不住了。娘弯下腰,帮我揉搓着右腿。好一会儿,我感觉有些气力了。

到"火柴盒"来的人真多。娘说要排队,我们便在门外等。门口有棵很大很高的树,树荫下站满了人,有大人,有小孩,小孩好像都是和我差不多高矮。娘一到,就找别的娘说话,说什么我不懂,但从她们的面孔上来看,都是一脸愁苦,有的还在抹眼泪。

这时候,从附近的村庄里奔来一群女孩子。这些女孩子叽叽喳喳,像一群麻雀。她们来到了空地前跳绳。两个女孩子摇一根大大的绳子,其他女孩子一个接着一个往绳里跳。她们跳绳的样子真好看,像一群小青蛙。我边上一个穿花衣服的女孩子本来坐在她娘腿上,看到人家跳绳,便离开了娘,"通"的一声跳进了绳子。可奇怪的是她只用一只脚跳,跳得怪怪的,逗得其他女孩子哈哈大笑。她娘一个飞步把女孩子从绳子里拉了出来,像骂坏蛋一样大声说:"一个瘸子还去跳绳,让人家笑话,你要不要脸了?"女孩子被娘一拉一骂,吓得大哭起来。

"还要哭,养着你这个讨债的,我不哭你还哭,再哭就打死你。"她娘依然大骂不止。那女孩子倒真不哭了。但我发现那女孩子的眼神怪怪的,和被绑在树上待杀的大黄狗一样,可怜、恐惧。

娘好像也害怕,赶快拉着我换到另一个角落。那里,有几个小男孩在滚圆圈。这群小哥哥玩得真带劲,用一根铁丝弯成钩,赶着另一个用铁丝做成的圈,像赶着一只小狗走路,我看得心痒痒的。娘真了解我,对一个光头皮的小哥哥说:"这个小哥哥,你借这位弟弟玩一下,行吗?"

光头皮哥哥将铁做的圆圈和赶路棒给了我。我认真地玩了起来,起初,那个铁圆圈还听我的赶路棒,可后来,铁圆圈像吃了奶似的越滚越快,无论我怎么追都追不上。看着我追赶的样子,一纵一纵的,光头皮哥哥哈哈大笑。他一笑,旁边的小朋友也大笑不止,有几个还大声喊:"瘸子,他是瘸子!"边说边学着我走路的样,引来了远处跳绳子女孩的围观。

我不知瘸子是什么,但隐隐约约地觉得不是好事,我向娘投去了求救的目光。娘好像早就防到了这一遭,笑着对孩子们说:"对,我儿子走路好看吧,他两条腿能走出不一样的姿势。你们想学吗,想学要喊老师,想不想啊?"

孩子们笑着跑开了。

"我能做老师呢!"我自豪地在心里说。

终于轮到我给医生"看病"了。娘拉着我走进了一间白色的小屋子,屋子里坐着一个白色人——白色的衣服,白色的帽子,白色的口罩。我明白了,这个人喜欢白色,我的腿也很白,怪不得喜欢看我的腿。娘把我抱起来坐在白色的人面前,这时我才发现,白色的人胸前别着一颗鲜红的像章,像章里画着的人我认识,爹爹告诉我这个人叫毛主席。没有他,我们都活不了。

"医生好!"娘在对白色的人说话。

"你好。"白色人是女的,说话声音软软的,很好听。

哦,原来白色的人就叫医生。那我就是给她来看右腿的。我赶快将右腿的裤子拉了起来,高兴地说:"医生,你看。"

白色的人笑起来真像我姐姐,有酒窝,好看。她摸着我的腿,像看西洋镜一样,左看右看,还用一根带子和我的腿比高矮。她太喜欢看腿了,看完了右腿还对我说:"小朋友,那个腿能看一下吗?"

"嗯。"我爽快地拉起了左腿的裤子。

"白色人"还是用带子和我的腿比高矮。

比完了,"白色人"在白纸上写字,边写边对娘说:"你这孩子真听话。刚才几个小孩子见到我就哭,死活不让我看他们的腿。"

娘和"白色人"说话,说一些我听不懂的话。不过我感觉到娘不是太高兴,老用手去抹眼睛。腿都看过了,我们应该回去了吧。我问"白色人":"我现在可以追得上小狗吗?"

"白色人"好像听不懂我的话,傻傻地望着我娘。

娘和"白色人"又说了一些我听不懂的话。"白色人"边听边点头。过了一会儿,她起身走进里面一个房间,没多少时间,又从里面走出来,我看到她手里拿着一个小圆管,小圆管上头插着一根缝衣针。

这么大人了还玩这东西。我想笑。

"白色人"坐到我面前,用两只好看的眼睛看着我,笑着说:"小朋友,打一针就可以回家去追小狗了。好不好?"

我不懂什么叫针,只要能回家和才明他们追上小狗,我什么都说"好"。

于是,娘拉了我的裤子,"白色人"在我的屁股上用"缝衣针"扎了下去。啊,真痛啊,比一百只蚊子咨还痛。我又是蹬腿又是扭身。"好了,好了。""白色人"的声音。

一会儿,我感觉那根针拔掉了,屁股也不那么痛了。娘用手揉着我的屁股,轻轻地说:"还痛,再哭一会。"

我趴在娘的背上还是哭,边哭边说:"我——我——要回家。"

娘轻轻地拍着我,跟"白色人"说着我听不懂的话。过了一会,娘对我说:"阿姨说,她很喜欢你,你给阿姨唱首歌吧!"

这个"白色人"用"缝衣针"扎我,我不喜欢。我也不唱歌。

我吵着娘要回家,那个"白色人"笑着摸着我的脸,说:"小朋友,下次再见!"

下次我才不来见你。我心里想。

可是,娘像被人家使了魔法似的。隔了几天,又用箩筐挑着我来见她。才进门,我想起了那根可怕的"缝衣针",吓得我赶快喊她阿姨,还给她唱《月亮婆婆侬有几个囡》,唱《大海航行靠舵手》,可是不行,她还是用针扎我。我恨她,也恨娘。回去的路上,问娘为什么要让人用针扎我。娘说:"为了你能追着小狗啊!"我说我不追小狗了。

第三次,当娘再把我抱进"摇篮"时,我吓得瑟瑟发抖,央求着娘不要再挑我去"白色人"那里。我看到,娘的眼睛里满是泪水。我赶快说娘不哭,还用手去擦娘的泪水。娘一把抱住我,也像害怕打针似的,大哭起来,声音哭得比我还响。我知道我得罪了娘,心里很害怕,安慰娘:"姆妈,我不哭,你也别哭。"

娘停止了大哭,擦了把眼泪,紧紧地抱了我很久,但最后还是把我放进了"摇篮"。我绝望地闭上了眼睛,眼泪像小河一样默默地流。

娘挑着我和那块"陪同"的石头,跟跟跄跄地行走在长满芦苇的小道上。风吹来,芦苇无力地折弯了腰,那沙沙的响声,是它抽抽噎噎的哭声。

从这以后的一年多时间里,每隔两天,娘总是挑着我奔走在家和夏盖山的这条芦苇路上。慢慢地,我知道我患了小儿麻痹症,腿瘸了,走路不好看,而且走不快。当然,我更明白不是娘狠心,娘是爱我至深,为了治好我的病,已经五十多岁的娘挑着我,每次要走往返二十多里的小路,有一段还是高低不平的山路,一年四季,从不放弃。遇到爹在家(爹几乎长年驾着船去外海捕捞)的日子,爹挑着我,娘在后头跟着。为给我治病,娘不知走破了多少双鞋子,更换了多少根扁担。然而治疗小儿麻痹后遗症是个国际性的疑难杂症,我在解放军阿姨那里,打了一年多的针。打得我娇嫩的屁股,变成了僵死的"石板",每天晚上,当娘用手揉着我的屁股,用热水敷疗我的"石板"时,常常泪水如雨。

人常说:事在人为,人定胜天。我怀疑此言的可靠性,有的甚至如同电线广告一样,有误导欺骗之嫌。这种浪漫和斗志用来"装点面门"可以,但真不可以"画饼充饥"。我以为,矫正错误远远比发挥特长来得复杂、不易,尤其去"订正"上帝在你身上完成的你所谓的"错误作业"。尽管我娘抱定了"拼死治病"的决心,但一年多"摇篮"生活,非但没有摇回娘的希望和我的幸运,而且摇干了娘的泪水和我的欢乐。我原本就弱的体质严重变坏,动不动就闹肚子疼。在那个早就失去"斗志"的医生阿姨的多次劝说下,我娘终于接受了无法改变的现实——不再挑着我去治病了。我高兴得直笑,可娘听着流泪。

几十年了,我常常浮现出那对淡黄色的"摇篮"。它虽然沾满了我童年的泪水,留给我无尽的痛苦和恐惧,但她浸透了母爱,充盈着父情,是我永生不忘的爱巢,刻骨铭心的暖房。

 ## 我真的没偷

夏天的正午,太阳肆无忌惮地发着"大火"。大人们只好"息夏",也趁机睡个午觉,为下午的劳作积些气力。

我们小孩子有的是精力,而且要特别利用太阳的"发性",去捕捉燥热得只会大喊大叫的知了。

捉知了要有知了网。我表哥百乔很会做知了网。他用一根细铁丝,将尼龙线织成的网片串起来,然后将铁丝一弯,弯成一个网袋子,然后将它捆绑到一根长长的竹竿上,知了网就这样做成了。捉

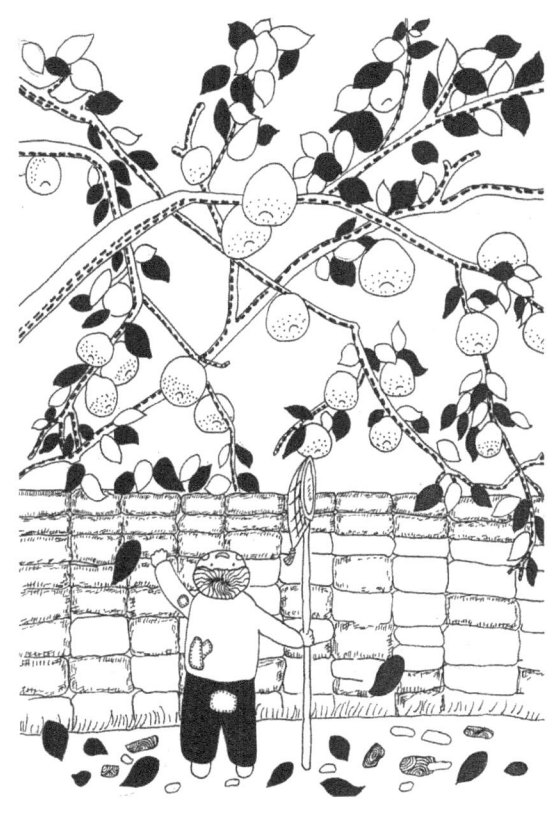

知了的时候,要捏稳竹竿,悄悄地将网移到知了的身后,然后迅速将网套扣住知了。知了一惊,拼命挣扎,但为时已晚,有翅难飞了。于是,我们几个便拥上去,分享我们的战利品。

知了有两种,一种会叫,我们称之为"响板",上乘品质;一种不会发声,我们称其为"哑板",其品质就低下了。在物质和精神生活都十分贫乏的20世纪60年代,我们都喜欢"响板",它的叫喊无疑是我们最美的歌声。一只"响板"带给我们的快乐,远远胜过现在孩子收听周杰伦的歌。

知了最喜欢在梨树上引吭高歌，大概它也觉得水灵灵、黄灿灿的梨子，姑娘般的可爱，值得它整日为她放歌。

我们村子的南头，有一个很大的果园，正是梨子成熟的季节。梨子又圆又大，香味极浓。知了的歌声此起彼落，仿佛一场终日不停的交响音乐会。果园是集体的。那年头，梨子当然金贵。一个夏季，金贵到每户人家只能分到10个左右的梨，所以梨子也防被人偷去。不但整个园子都用荆棘围了墙，生产队还专门安排一个外号叫"黄胖"的壮汉，外加两条狗看管着梨园。但人总是有犯困的时候，常有梨头（方言，梨子）被人偷去的事情发生。

说实在的，我们这批捉知了的家伙，一半是为了玩知了，一半是顺手牵羊地网几个梨头吃吃。要不，我们也不会在火烧一样的太阳底下，冒着有可能被荆棘刺疼的风险，将网伸进里面捉知了。百乔和秋海虽然都和我读二年级，但都比我大三岁，他们分析过"敌情"：这么热的天，狗都睡午觉，管梨头的黄胖早在做梦了。

母亲好像有所觉察似的，经常对我说，小孩子手脚要干净，宁可饿死，也不要去偷人家东西。我答应母亲绝不去偷，但嘴一馋，什么都忘了。虽然我没有偷过梨头，但吃过他们偷来的梨子，还一直把此当作他们抄我作业的报酬。

这一回，我们三个又悄悄地接近了布满荆棘的梨园，知了唱得真欢。秋海在望风，看看狗有没有发现，人有没有出来。我腿脚不便，拎一个尼龙网袋，接战利品。百乔冲锋陷阵，将缚着知了网的长竹竿伸进了荆棘墙里。不一会儿，一个活蹦乱跳的"响板"知了装进了我的尼龙袋。百乔又将知了网伸进了里面，只听得"啪"的一声轻响，一个黄灿灿、香喷喷的梨头递到了我的手上，我闻了闻，美滋滋地将梨子藏进衣袋里。我知道，梨头可不能光明正大地放在知了网里。

百乔又将网伸了进去，就在这时，园内传来了"汪汪"的狗叫声，秋海大喊一声："快跑！"拔腿就跑。百乔一紧张，知了网被梨树枝丫给勾住了。任凭他怎么拉都拉不出来，我赶快过去和他一块儿去拉，

"啪"的一声脆响,我们的竹竿折断了。由于用力过猛,加上腿脚不便,一下就跌了个仰脸朝天。百乔想来扶我,但两只狗带着黄胖从前面凶神恶煞似地奔了过来,吓得他赶快丢下我,抄小路逃窜。

我像只待杀的小羊羔,被黄胖从地上拎了起来。

"我真没偷!"我的声音轻得就像蚊子叫,但还是让黄胖给听到了。

"没有偷你倒在地上做啥?"

"我——"我看到黄胖的眼睛扫过我藏着大梨头的衣袋。我赶快用两只手蒙住了袋子。

还好,黄胖只是随便看了一眼,还"扑哧"一声笑了:"我想想你也不会偷的。"说完,他从地上捡起知了网,还给我:"回家睡午觉去!"

我比吃到了梨头还高兴,捂着口袋,赶快逃离。尼龙袋里的"响板",正响亮地唱了起来。

事后我想,从黄胖的眼神,还有他的笑声中,我想他肯定知道梨头就在我的口袋里,我为此还一直担心他会向我父母告状。若干年以后,黄胖的孙子在我班里读书。有一次,我主动跟他说起了这个故事。他笑笑说:他是看到了我口袋里的梨头。那年头家里少吃的,哪个小孩见到梨头会不馋呢。我当面感谢他当年的不"杀"之恩,并说,那次以后,你让我知道,放人一马,功德无量。

黄胖,我应该叫他黄胖伯伯,他满是皱纹的脸上,聚起了笑容,像一朵盛开的菊花。

爱满教育

 ## 拨 快 时 钟

　　小时候,大队部门口的露天电影无疑是我们孩子的重大庆典。那气场,非时下的歌星演唱会能比。对于我来说,如果放映的不是《南征北战》之类的"打仗的",而是《智取威虎山》之类的"样板的",那份欣喜和期盼,简直就是过年。

　　也正因为如此,凡是碰到公社电影队来我们大队放电影的日子,我总觉得白天特别的漫长,太阳好像有意和我作对似的,故意停在半空中,就是不肯西落,气得我真想把它拽下来,只恨我没有那么长的手。

　　不过,我还是想出了一个绝妙的办法——那年我7岁。

　　放电影的时间不就是晚上6点吗?我有办法了。

　　我们家做晚饭的时间,姆妈和姐姐都有自己的习惯。姆妈看太阳,姐姐看时钟。那时正值夏天,姆妈整天在生产队里摘棉花,挣工分,做晚饭自然就轮到姐姐了。我的机会来了。

　　这一天下午,趁姐姐正在午睡。学着电影里鬼子深夜进村的样子,从姐姐身边像树叶那样轻轻地下床,悄悄地爬上柜子,将柜子上的闹钟由1点拨到2点,然后又悄悄地将闹钟放到柜子上。我做得那样严谨周密,哪怕拨快时间后,将闹钟放回到柜子上的角度,都对得非常精准,姐姐根本发现不了。我暗自高兴——感谢小闹钟帮了我大忙。

一切全在我的掌控之中。姐姐照例去看小闹钟,一看已是下午五点了,照例开始做晚饭。可是等姐姐做好了晚饭,父母还没有从生产队干活回来。姐姐又跑进去看闹钟,说:"都5点了,爹爹和姆妈怎么还没有回来?"

我心里有鬼,自不敢言。

过了一会儿,姐姐好像有点急了,又说:"今天怎么啦?都5点30分了。"

我快要说实话了,可是,一想到电影,我就什么也不顾了,我说:"姐姐,要不我先到电影场抢位子去。"

姐姐看了一下闹钟,说:"好的,今天是《红灯记》,看的人一定多。"见我扛着凳子要走,姐姐又说:"要不,你先吃口饭。"

还吃什么饭,我的心早就在电影场了,何况,小闹钟已经显示5点30分了,再过半小时,电影就要开始了。我火烧火燎地说:"不吃了,吃完饭就没好位置了。"也没等姐姐说什么,我奔出了家门。

看露天电影一定要抢前面几排,最好是头排,这样不但听清电影里的唱腔,而且还能十分清楚地看清楚每一个字幕。可是,有好几次,姐姐她们带我去的迟,总是被成群的观众远远地挤在后面,这样,看电影的效果十分不好。电影场里,真看电影的人多,假看电影的也多。有好一帮人本来就不喜欢看电影,更不爱看唱京剧的电影。到电影场多半是为了凑热闹,甚至窜来插去地玩游戏,捉迷藏。场子里,呼喊声,笑骂声,还有叫卖声,这些杂七杂八的声音像一条大被子,常常盖没了电影中的演唱。听的效果不好,那怎么看呢?由于落在后排,即使是趴在姐姐肩上,也很难看清楚一排排本来就不大的演唱字幕。这对于我——一个刚刚开始识字,而且对字充满新鲜与好奇的人来说,更是件伤心的事。我好希望到电影场的人,都和我一样,是真来看电影的。

　　从家里到看露天电影的大队部,将近500多米路。一路上,我一个劲地鼓励自己走快点,再走快点,我担心6点快到了,前面几排已经被人家占了,电影已经开始了。

　　我终于气喘吁吁地来到了电影场,一看,整个电影场里除了依然火热的阳光毫不示弱地占据着整个场地,其余的只有我和肩上的凳子。我非常庆幸自己总算第一个到场了。

　　我等啊等,盼啊盼,可是放电影的人怎么还不来呢?我觉得很奇怪,我从家里出来的时候已经5点30分,姐姐平时说,从家到电影场要走10分钟,这么长的时间过去了,6点怎么还不到呢?想了好一会儿,我终于想"明白"了——我只是将自己家的闹钟拨快了一个小时,其实,我应该把闹钟带到电影场来,在这里拨快一个小时,放电影的人就会按时放电影了。我后悔得真想哭。

　　我有点累,于是就着凳子躺了下来。太阳真热啊,我被晒得懒懒的,不一会,我就迷迷糊糊地睡着了。后来,我隐隐约约感到有人在搭电影棚,好像还有唱京剧的声音。姐姐来了,电影开始了,电影放的是《红灯记》,可奇怪的是鸠山(《红灯记》中的反面角色)说他不要抓李玉和要抓我,后来我真被鸠山用铁链捆住了,动弹不了。我拼命挣扎,王连举(《红灯记》中另一个反面人物)来了,死死地捂住了我的嘴,我怎么喊也喊不出来。鸠山说要枪毙我,把我拉到了电影场。电影场在一个山冈上,我和李玉和他们一起被押到了刑场,还没站定,一把刀正朝我的脖子上砍过来,我无法躲避,痛得我大声地喊起来:"姆妈——"

　　"好了好了,哭了就没事了。"是爹爹的声音。接着是姆妈的呼唤声,再接着是姐姐的哭喊声。我睁开眼睛,啊,原来我在自己家里了。隔壁大妈正在给我扭痧(刮痧的意思),见我哭了,大妈说:"扭痧是好的。"

　　我杀猪似的大哭着:"大妈——妈,我不——不要——扭了。"

　　父亲下令道:"再扭!谁让你这么傻,拨快时间去晒太阳!"

　　原来,那一天,我躺在凳子上睡着了。夏天的落山太阳辣得如炭火,我差点没成"烤猪"。

真是偷鸡不成反蚀把米,我拨快了一个小时,非但没有提前看到电影,就连"延后"(其实是正常的)的电影,也没有看到一个镜头。这还不算,因严重中暑,我还遭受了满脖子的皮肉之苦。不过还好,虽然痛了点,但还是吃到了姆妈给我的一罐头糖水橘子。而姐姐,毫无任何报酬地遭了父母的一顿臭骂。姐姐太冤了!

我工作以后,有一次我提起这件事。姐姐狡黠地一笑:"其实,那天我是知道你拨快了时间,因为每天我烧晚饭的时候,西边的太阳刚好爬到我家灶头。那天的太阳,还斜挂在半空里,根本还没有照到屋子里来。"

我问姐姐:"哦?那你为什么不点破。"

"不为什么,让你去吃吃苦头。"

是的,吃吃苦头。这何尝不是教育?这实在是一种高明无比的教育。我感谢我的姐姐,是她的"不作为",甚至是"冷酷无情",让我体验了童年的自说自话、自以为是,让我过了一把当家作主的滋味。虽然当时非常不划算,甚至吃足了苦头,但让我刻骨铭心地认识到行为与后果的统一性和严肃性;是她的让我"吃吃苦头",让我在日后的教育中,深切地感悟到,有一种教育是放手。这个时候,你有妙手可回春,你有良药可治病,你有热情暖如春,你有爱意能化冰,但你必须装作不闻不问、不爱不惜,因为,挫折,是成长不可或缺的营养品;失败,是成人必须随带的"维生素"。

我至今都感谢姐姐那次的"不作为""不干预""不爱惜",因为它让我早早地体会了什么是自欺欺人,什么是掩耳盗铃,从而帮助我在漫长的岁月里,无论做人还是做事,我总给自己提个醒:欲速则不达,万事切不可一厢情愿地"拨快时钟"。

 我真的会飞了

我6岁时,常常发现自己会飞,真的。

我家隔壁有个邻居,我们都叫她老外婆。老外婆家中"小呆大"(方言,指智障者),长我10岁。听说他的家本来在一个叫白水洋的地方,因为"小呆大"10岁了还不会算一加一等于几。爸爸不要他了,妈妈要下地去挣工分,只能把他放到外婆家。记忆中他是不上学的,我还不到读书的年纪。于是,我们成了要好的玩伴。

他有一只旧洋铁面

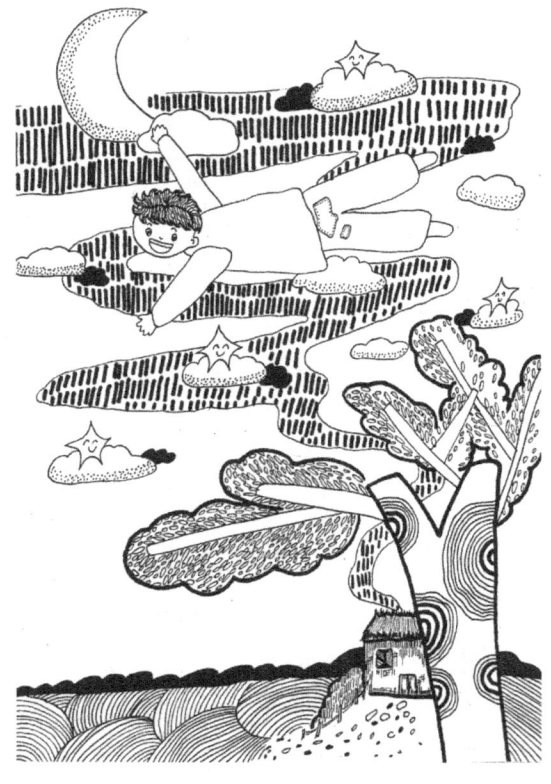

盆,找来一个小木棍,每天早上,他就在我的床外头,敲打着他的"锣鼓",大声喊道:"夏无(我的小名),起床了——开大会了——"

于是,我便懒懒地揉揉惺忪的眼睛,"小呆大"赶快将我的衣裤递到我的手上,"伺候"我起身,做得那样心甘情愿——谁让他这么早叫我,还给我安排好了这么早的"大会"。

说是"大会",其实根本没有什么内容。确切地讲,会议的形式就是会议的内容——我们俩轮换着敲打着"小呆大"的"锣鼓",敲一下喊一声"开大会喽——"看谁敲打的声音响,比谁喊的嗓门大。天天如此,我玩腻了。我忽然想起跟父亲去生产队里开大会时喊口号的

事,就学着开会的样子,敲一下"锣鼓",喊一句"毛主席万岁",再敲一下,喊一句"中国共产党万岁"。我喊得脆脆的,亮亮的,仿佛就是生产大队的小喇叭。可"小呆大"不会喊,我教他半天,他才会说半句。因为自己不会说,所以特别羡慕人家喊。只要我一张口,"小呆大"就一个劲地为我鼓掌,他笑起来,胖乎乎的脸就像一朵盛开的花。他一鼓掌,我的成就感更大了,喊得也更起劲,一字一句,句句着实,一点也不含糊。

从现在看来,这样的游戏乏味得根本不值一提,但在20世纪60年代初,却成了我快乐童年的美好记忆。当然我们的"付出"是"有成果"的,说不上"一唱雄鸡天下白",至少也换来"唤醒百花齐开放"——才明、秋海、火华等一听"欢庆的锣鼓",争先恐后地从自己家窜了出来。当然他们并不稀罕我们的"大会",更不是来听我们的呼喊,而是抢夺我们的"锣鼓"。

每每遇此,"小呆大"总是慌了手脚,赶快把他的"锣鼓"塞给我,并且当众"授权":"夏无给谁就给谁!"

给谁?我当然想给才明,他有两本图画书,我正想借过来看。可秋海要是来抢怎么办,他力气可大了;火华发起火来要咬人的。我正在考虑,秋海和火华扑上来就抢。我本能地保护着"锣鼓"。很快,我被他们按倒在地上。这时候,"小呆大"发疯似的冲了过来,像老鹰抓小鸡似的将秋海、火华从我身上拎开,丢在一旁。火华再次将我扑倒在地,还狠狠地咬住了我拿"锣鼓"的手臂。我用求救的眼睛望着"小呆大",痛得哇哇直叫。我发现"小呆大"的两只生在脸角的小眼睛,射出箭一样的冷光,整张脸红得就像一团燃烧的煤饼球,他一把逮住火华后脑袋上的"小尾巴",把火华当陀螺似的玩旋转,痛得他哇哇大叫。好半天,才放了他。

他们被我们打跑了。

我们继续敲我们的锣,开我们的会。

这时候,火华领着他怒气冲冲的妈妈来了。火华妈妈凶得就像老虎,一把夺下我手里的"锣鼓",大喊一句"敲侬(你)的出丧锣"。

还没等我反应过来,就将"锣鼓"狠狠地扔进边上的露天烘缸里。她还没有解恨,顺着火华的手指,一把抓住"小呆大"的胸,啪啪就是两个耳光。扔完打完后,火华妈妈用比高音喇叭还响亮的声音,对火华说:"以后别跟这两个人玩,一个呆子,一个瘸子!"

火华妈妈的高分贝"广播",我姐姐在百米外就听到了。我姐姐长我12岁。一个18岁的姑娘,正是血气方刚的时候。她赶了过来,一看这场景,气愤地说:"哪有你这样当娘的,大人打小人(小孩子)。我弟弟腿瘸又怎样?他聪明得很,比你儿子强!"

火华妈妈可不是软柿子,哪里容得下我姐姐的抢白。我只记得她们俩先是骂,后来扭打在一起。等到我母亲,还有火华爸爸,"小呆大"家的老外婆赶来,强行将她们拆开的时候。她俩都脸色铁青,披头散发,怪吓人的。我姐姐嘴角流着血,两只眼睛瞪得像就要射出来的两颗子弹。我吓得全身发抖,连小便都尿在裤子里。

回到家。母亲一边给我换尿湿了的裤子,一边数落着:"你看,都是你闯的祸,你姐姐的头发都被她们扯下了一大把,头上还流着血呢!"

我问母亲:"谁是呆子,谁是瘸子?"

我清楚地记得母亲当时用异样的眼光看着我,现在想起来,可能母亲当时想:到底是小孩,连自己的腿瘸不瘸都不知道。那时母亲怎么回答我的话都想不起来了,依稀记得母亲对我说,"小呆大"是脑子生过什么病,脑子不灵清,记不牢事,所以书也读不进了。你腿生过病,瘸了,但脑子是聪明的,以后要靠读书了。

我问:"腿瘸,有什么不好呢?"

这时候,洗净了脸的姐姐,一把抱起我,大声说:"没什么不好,腿瘸的人以后会飞!"

那一天晚上,我想着"小呆大"的"锣鼓",想着火华妈妈的怒骂,想着姐姐嘴角的血,想着母亲异样的眼神。我想起了跟才明他们追小狗时,每次我总是跑在最后。"小呆大"也说过"你走路真好看"。我隐隐约约地意识到我和别人走路是不同的,别人两条腿变换的速度是一样的,我的右腿像跟左腿玩捉迷藏似的,总是落在后面慢吞吞地跟上来。我是火华妈妈骂的瘸子吗?不是的,姐姐不是说,我会飞的。我迷迷糊糊地睡着了,我梦见自己跑着跑着,和"小呆大"一起飞了起来。火华、才明、秋海都为我们拍着手。我高兴地大喊起来:"小呆大,快敲'锣鼓',开大会喽!"

我"通"地从床上蹿了起来,睡在同一张床上的母亲、姐姐都被我吵醒了。母亲划着火柴,点亮了油灯。

"喊什么,半夜三更的。"

"姆妈,姐姐,我会飞了,真的,我飞给你看!"我从床上"飞"了下来,"啪"得一声,我重重地摔在踏脚板上,疼得大声哭。

姐姐吓死了,赶快抱起我,问我哪里痛。我一会儿说是头,一会说是手,一会说全身都痛。母亲埋怨姐姐说什么会飞的,姐姐说是随便说说的。我说姐姐说得对,我是会飞的,刚才还飞得好好的。

我把梦里的故事说了一遍,听得母亲眼里满是泪水。我问母亲:"我会飞不好吗?"母亲一面擦着泪水,一面说"好的,好的"。

"好的,好的",为什么还要哭呢,我不懂。我不止一次地问姐姐,我到底是不是火华妈妈说的瘸子。

我6岁的时候,母亲告诉我,我的右腿是发高烧烧坏的,和别的小朋友不一样的,走不快,更跑不了,腿瘸了。但你还算好的,还有一条好腿,而且也不算太严重,东村有个孩子,两条腿都伤着了,只能靠双拐走路了。母亲后面的话,说得虽也是实情,但我相信主要是宽慰我的。不过,对年仅6岁的我来说,这种宽慰不但显得太早,甚至多余。因为那时,我完全感觉不出腿瘸对于我有什么不便不好,相反,我常常自豪地对人说:"我姐姐说,腿瘸的人,以后会飞。"

爱满教育

铅笔头

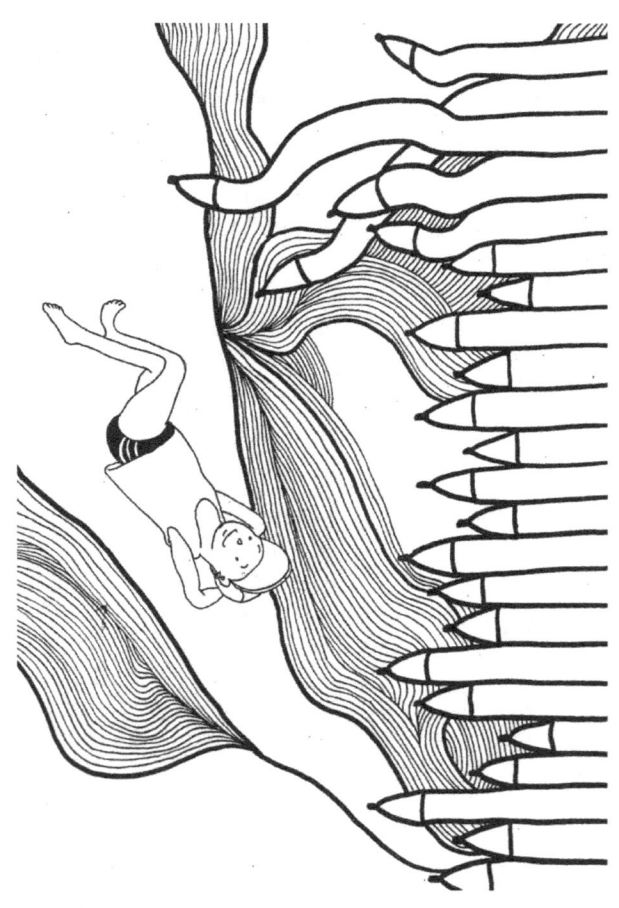

我小的时候,家里很穷。我们兄弟姐妹六人,要想都念书,显然不可能。父母商量后开诚布公:女娃将来是别人家的,一律不进学堂;男孩是自家的根,拼拼借借也得读两年。

由于"政策"支持,我6岁就进村里的学堂念书。虽说进了学堂,但上的是苦学:书包是母亲的破内衣改的,作业本是父亲用十几张香烟盒的内芯装订的。可写字的铅笔怎么解决,一支铅笔要三分钱,我们兄弟仨都在上学,这也是一笔不小的开支。为省钱,父亲试着做过几回铅笔,比如将木炭削尖了装进一根小竹管里,但写出来的字大得近乎奢侈,一张香烟纸写不了几个字,而且木炭很爱断,制炭也花精力,简直就是"偷鸡不着反蚀把米"。折腾几番后,父亲终于放弃了,但父亲规定,一个学期只给我两支铅笔,让我要控制着写,能少写的尽量少写,能不写的尽量不写。"读书要读进脑子里,又不是读到纸头上。"父亲经常这样说。

第二章 童年的小摇车

哥哥他们的作业多,常常向父亲要钱买铅笔。父亲一边锄着地,一边扯着嗓门责怪道:"败家子!这个月已经买俩了,还要。你们以为我是在地里掏金子吗?"骂完后,气呼呼地将一角钱丢给两位哥哥。

父亲从小疼我。晚上,在煤油灯下,翻着我的"作业本",对两位哥哥说:"夏寿最小最懂事,疼爹,你们看看,他写的字多小,这样就省铅笔了。"

其实,我写字很小纯属无意,不是父亲说得那样为了省铅笔,更不是疼爹。为此,我还挨老师的批,说我的字小得像蚂蚁,下次再这样,要重写了。

上了二年级,我们的作业增多了,一学期两支铅笔,实在不够用了。尽管我也想努力遵守父亲的"制度",成为父亲眼里的标兵,但现实毕竟摆在眼前——老师已经叫我这个不完成作业的捣蛋鬼,面壁罚站了。

权衡再三,我终于向父亲提出能否再给我增加一支铅笔。父亲满口答应,还实话实说:"升一个年级,本来就要加一支铅笔的。"

父亲真英明,他也懂得"与时俱进"!

可是,增加了一支铅笔,我还是发现不够用。离大考还有一个月的样子,我的铅笔短得只剩一颗螺丝钉了,我拿出父亲早为我们兄弟仨"配制"的铅笔套——一根小竹管,接长了,凑合着写。

这一天吃晚饭,我怀着忐忑不安的心,吞吞吐吐地向父亲提出再买一支铅笔的要求。我的话一说完,两个哥哥抿着嘴在偷笑,而父亲的脸绷得像是一块青石板,他把饭碗往桌角一推,起身走出了家。

我知道我惹父亲生气了。那天,我早早上了床,不知不觉地睡着了。睡梦中,我被父亲叫醒了。

"这是你写的?"父亲的声音有点吓人,把我完全惊醒了。我看到,父亲正指着我"作业本"里的长方形。

那段时间,我们正在学计算图形面积,我望了一眼我画的长方形,点点头:"是的。"

"啪"的一声,父亲把作业本狠狠地砸到我的脸上,劈头盖脸地骂

道,"你也是个败家子!好好的字不写,画鸡画狗的乱画,这样,给你一箩铅笔也不够你用。"

我委屈地哭出声来。父亲更来气了,举手要来打我,幸好娘在身边,把他拉走了。

后来,是哥哥们向父亲作了解释,父亲才叫娘给我买了一支铅笔。

读三年级了,老师常常夸我的字写得跟书里印的一样,工整美观,叫我抄到另一张纸上,贴在教室后面的墙上,给班里的同学"做做样子"。我很高兴,写得很卖力。

再后来,老师说我的作文写得很棒,让我抄下来,贴到校门口去展览,我当然更高兴,一笔一画地把作文抄了一遍。

可这一来,不到半个学期,我就用完了父亲制定的"三年级三支铅笔"的指标,还有长长的半个学期,我只能干坐。这下,真的只能像父亲说得那样,"书要读到脑子"里了。

一天晚上,我从邻居家串门回来,发现父亲正在翻看我的书包,见我进来,没好气地问:"你的铅笔呢?"

我紧张极了,我的铅笔一个星期前就用完了,但我不能对父亲说实话,要不准会被他骂"你写鸡写狗地乱写"。可是,父亲的眼光像两把利剑一样,悬在我的眼前,情急之下,我撒谎道:"借给才明了。"

才明是我的同学,是父亲一直认为"穷得有骨气的"好孩子。才明的父亲常年生病,家里穷得叮当响。

"你做得对。"父亲的口气缓和了,眼中的利剑变成了两湾春水,"亲帮亲,邻帮邻,皇帝也结草鞋亲。"

这两句话,我自小就听得会背了,这是父亲的为人之道。幸亏我了解父亲脾气,才用计"救了"自己。

可是,整天坐在教室里,全靠"脑子读书"总不是办法,老师好几次批评我不做作业,说我骄傲自满。

这天放晚学回家,我悄悄地向二哥借铅笔。谁想我们的谈话被外屋的父亲听见,父亲走了进来,将我的书包翻了个底朝天,厉声地问:"你的铅笔呢?"

"借——借给——秋海了。"我支吾着。

父亲盯了我一眼,没有说什么。

我暗自庆幸,亏得自己反应快。

可是,谎言终究要被揭穿的。第二天放晚学,我还没有走到家,才明和秋海就在半路上拦住我,告诉我父亲去找他们了。我像泄了气的皮球,瘫了。

家总是要回的,我仿佛是个小偷,贴着墙溜进了屋。还好,父亲不在。我知道,今夜遭父亲痛骂注定了。我担心得不敢吃晚饭了,干脆就倒在床上装病。说不定这样,还能博取我娘的怜悯,逃过父亲的责骂。

也不知过了多久,我听到父亲进屋了,问娘我去哪里了。娘说:"他闹肚子疼,刚给吃了点矾(明矾:家乡有肚子痛服明矾的习俗),困(方言,指睡)熟了。"

是父亲进内屋的脚步声,我赶快闭上了眼睛。

父亲坐到我的床沿头,用手摸着我的额头,低声对娘说:"我去了学堂,人家老师夸夏寿字写得好,文章写得好,将来会有出息的。他的铅笔都是老师要他给别人做样子写完的。"父亲叹了口气,自责地说,"只怪我们太穷,多给他几支铅笔,他就能写更多的文章了。以前,秀才都是靠文章写出来的!"最后这句话,是父亲向娘强调着写好文章的意义。

我用了吃奶的劲,憋住了总想夺眶而出的泪水。

第二天醒来,不见父亲。娘告诉我,你爹去杭州做卖"吐铁"(家乡方言,学名泥螺)去了。我说大夏天,"吐铁"不是不让卖吗?吃了要生二号病的。娘没有说什么,只是叹着气,摇了摇头。

两天之后,父亲回来了。果不其所,他的"吐铁"被查处了。我们全家都很沮丧,但父亲并没有和我们一起唉声叹气。他像变魔术似的,从小桶担里取出一包用旧报纸包着东西,郑重地将它放在饭桌上,用我们从未听到过的,充满激情的口气说:"你们猜这是什么?"

我们都摇着头。

父亲打开了旧报纸,啊!是一大包长长短短的铅笔头,应该有几百个吧,长得像火柴,短的像八脚虫;红的、绿的、黄的、蓝的,五彩缤纷,像是一道道彩虹。

"我的'吐铁'只卖了一天,就被查处了。戴红袖章的还把我叫进了派出所。"父亲一点也不难过,甚至有点自得地说,"他们问我这么热的天不好卖泥螺知不知道,我说知道,但我几个儿子没钱买铅笔,才来'犯法'的。红袖章们很同情我。我接着说,你们有没有写剩的铅笔头,给我几个,好让我回家有个交代。这一说,有个戴红袖章的说,'他们倒没有,但城西边的垃圾场里,有很多从学校里运来的废品,那里兴许有铅笔头。'"

"我一听,一拍大腿,对了,垃圾场里肯定有'宝'。"父亲说得两眼发亮,"我马上跑到城西,果真,在那里,我找到了好多好多铅笔头。写吧,放开写吧,天凉后,我肯定要去城里做生意,再去捡。还有,你们有那么多铅笔头了,都去送伙伴们一些。"

我们兄弟三个高兴地跳了起来。

自此以后,父亲每次从城里做生意回家,总会给我们带来一大把一大把长短不一的"彩虹",我们也不再为如何省着使用铅笔头而挖空心思,绞尽脑汁了。

今天,只要一看到铅笔,我就会想起父亲那堆花花绿绿的铅笔头,还有他那张乐呵呵的笑脸。

船到桥门总会直

那一年,我6岁。当医生拒绝为我打针治疗时,母亲望着我日渐萎缩的右腿肌肉,抱着我号啕大哭。我也跟着哭。望着我们母子俩,父亲粗着嗓门说:"哭什么?船到桥门总会直的!"声音哑成一团乱毛絮,但依然有力。

"船到桥门总会直",那是我第一次听到这句话,很新鲜,但不知其意,只是无端地觉得这是句好话。因为,母亲不哭了,眼睛里流过一丝希望的亮色。我本来就是被母亲"吓"哭的,属于"友情赞助",母亲不哭,我自然破涕为笑了。

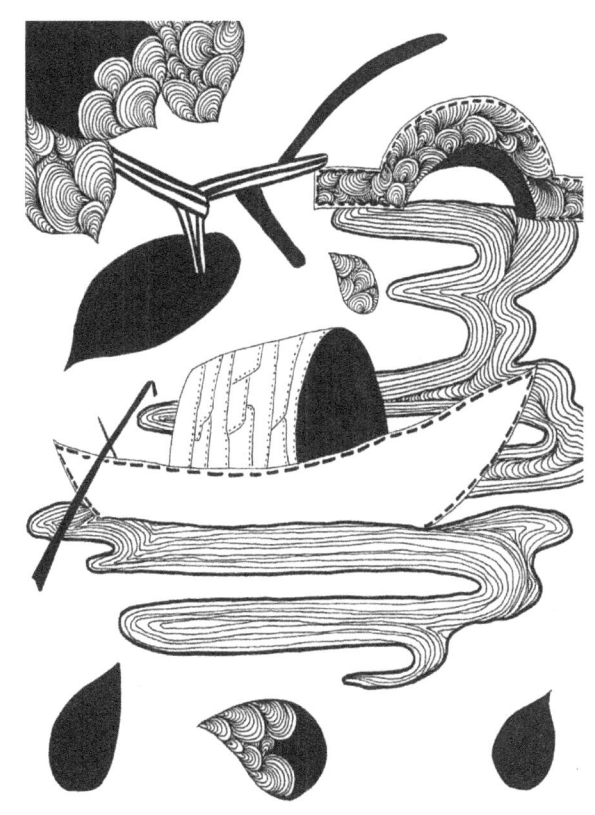

我12岁那年,有一次,父亲用小木船带着我去河里撒网。一转两转,我们的木船被桥门挡住了。这是座窄窄的小桥,小桥下是个窄窄的桥洞。更糟糕的是,这个小的只能容一条小木船过去的"关口"边,竟"蛮横"地停靠着三只小船。我问父亲:"爹爹,桥那边我们去吗?"

"去呀,那边的鱼多。"

"那怎么过去呢?"我望着三条挡道的木船。

父亲轻描淡写地说："船到桥门总会直么！"那种表情好像大学生面对小学生天真的提问。话音才落,父亲用手中的木桨娴熟地划了几下:前一条木船像个听话的孩子,乖乖在桥洞前站直了身子,父亲的木桨在他的后屁股轻轻一点,那木船怕痒似地跑到桥洞的那边去了;第二条木船,仿佛特别能学,慢慢地调整好了过桥洞的姿势,父亲手起桨落,那木船屁颠屁颠地跟随着他的"大哥"去了;第三条木船,仿佛是前两条的母亲,生怕孩子在外出事,竟借着水流,自己追了上来,由于心急,撞上了桥门,便依然不肯放弃。父亲划动了我们的船,真是怪了,第三条木船居然"跑"在我们前面过了桥门。

"原来船到桥门还真会直啊。"我像看懂了实验,自言自语。

父亲好像背过书似的,想也没想地说:"那当然。哪有船一直被卡在桥洞的。"

"那如果我们不来呢？"

"我们不来还有别人,别人不来还有别人。"父亲划了一下桨,不紧不慢地说,"人不来,天会来。刮个风,下场雨,水流起来,船总会直的。"

是啊,我不助他助,人不助天助。我若有所思。

父亲又用力撒开了渔网,瞥了我一眼,不无幽默地说:"你有没有发现,近几天,你娘的脸一直'上云'(阴着脸的意思)？"

是的,我还看到娘背地里抹眼泪,我问父亲:"娘为什么不开心？"

"为你啊？下半年,你要读初中了,你娘担心你去公社中学读书,要走五里路,怕你走不动。"

"没事的,我走得动！"

"她还担心你将来做什么？"父亲停了停说,"我劝她,船到桥门总会直的。可你娘说我'没脑子',想得通。"父亲笑着摇了摇头。

"对。船到桥门总会直么！"那时,我觉得工作对我来说还是十分遥远的事,娘现在就担心实在显得太"超前"了。再说,老师们都说我读书好,将来在生产队里做个会计,起码做记工员应该没问题。我不无自信地说:"将来我当个记工员,让娘放心。"

"就是么。"父亲的笑很甜,仿佛我真当上了记工员。

那时,当一名生产队记工员,让自己能挣上工分,养活自己,成了我唯一的"远大"理想。

人最容易受环境"领导",所以,山盟不可靠,海誓难以信,这话是真理。上了初中后,人生的小船还没开出多远,我很快就改变了自己的"航标"。

原因缘于我迷上了看书。

我的整个读书时代是在"文革"中度过的。在读书无用论的影响下,学校对学生的学业是十分不重视的,我们学生有的是空闲时间,从小就喜欢听故事的我,为了寻找故事,强烈地爱上了读书。除了必须参与文宣队在操场上的呼喊,聆听红卫兵在教室里的怒吼之外,我把所有的时间都放在读课外书上。我读了《三探红雨洞》《红旗谱》《钢铁是怎样炼成的》《青春之歌》《第二次握手》,一本又一本……

多读了书,我常常产生一种非常浪漫的想法:那就是写书做作家。随着年岁的增加,我的这种想法变得越来越强烈。上高中时,我终于抑制不住阵阵冲动,竟偷偷地写起了小说。我给这部至今没有写成的小说取了一个很文学化的名字——《愿》。讲三个家庭出身不同的学生不同的生活愿望,有的想做大队会计,有的想做赤脚医生,也有的想做作家。其实,第三个学生写的就是我自己。

"四人帮"粉碎后,我们国家恢复中断了多年的高考制度。贫民孩子可以考大学了,我高兴得掉眼泪。父亲更是得意洋洋地对母亲说:"你看,我说船到桥门总会直。这不,夏寿好考大学了。"

"那也要考来看(考了再说)。"母亲虽这么说,但脸上的表情写的是"志在必得"。是的,母亲早有成竹在胸了。前两天,我的班主任兼语文老师沈老师来家访时,就对母亲说过,考大学夏寿的希望蛮大的。乐得母亲在灶君菩萨面前,派头十足地承诺:"考上后,今年过年给你们烧一堂联三堂。"联三堂,是佛中精品,是二三十个念佛老太一天叨念的"结晶",是凡人孝敬佛祖的最高礼金。

1978年一开春,我上高二(那时高中只有两年),学校有几个高中

毕业的青年教师,也想去报考大学,他们自发成立了高考复习小组,利用课余和晚上时间学习功课。教政治的陈老师和教地理的祝老师,觉得我文科学得好,主动把我吸收进了他们小组,和他们一起利用课余时间复习迎考。我高兴得好几夜都睡不着。

5月6日,是我一辈子忘不了的日子。那一天,班主任沈老师一上课,就宣布一件大事:这节课,我们要填报高考报名表。听说要填表,想到自己的理想正在慢慢变成现实,我的心兴奋得怦怦直跳。沈老师沉稳而清楚地说:"我们班59名同学,经过政审,对照条件,58名同学通过……"沈老师望着大家,瞥了我一眼,停下不说了。

是的,要把不祥之事说流利是有困难的。全班59名同学,就像59匹待飞奔的马儿,有一位突然被宣布淘汰,这事摊到谁谁都伤心。我猜想着这位不幸之人可能是才明,听说他在香港有表哥(那时候是严管对象)。他可是我的好朋友,我懂沈老师刚才看我的意思,他希望我课后能够解劝解劝他。是的,那是必须的,我不禁编织起劝慰他的话语来。

说起来,我真是个可笑可悲的可怜虫,自己这个"泥菩萨"就要被水给化了,居然还想救人家过河。沈老师在稍作停顿后,用很低沉但十分清楚的声音,很困难地说:"文件规定,残疾人不能报名,我们班何夏寿同学就不能填表了……"

沈老师的话,像一个霹雳炸晕了我。

我傻了,也记不清是怎样离开教室的。

教室外的天很蓝。但我觉得这片蓝天不是属于每一个人的,至少不属于我。我没有资格享受蓝天,甚至没有资格和同学们做同学。别的同学品德再肮脏,行为再恶劣,学习再不好,也是正常人,也可以考大学;而我即使年年评优秀,天天做标兵,也是低人一等的残疾人,甚至是异类人,不要说进大学念书,就连报名的资格都没有。

回到家,我什么也没说,什么也不吃,躺在床上,流着眼泪。尽管父母"千万次地问",我像个哑巴,只是用泪水诉说着我的痛苦与屈辱。当父母从才明的口中,知道我被高考拒报后,母亲也跟着我哭。

父亲没有说什么,转身离开了家。直到很晚,父亲才回家。望着还在哭泣的我们母子俩,父亲狠狠地拍打了一下桌子,声音大得吓人,好像我的伤心都是桌子的缘故。

我和母亲惊呆了,竟忘记了哭。

"别哭了!你原本就是当个记工员的。"听父亲的意思,考大学纯属我"人心不足"。

"当记工员,你说好了吗?"母亲擦着眼泪。

"我是队长啊?"父亲的声音凶得像恶狗。

我和母亲又绝望地流泪了。

父亲坐在我们对面的凳子上,将头低到了自己的裤裆下。我们三个一点声音都没有,好像一说话就会被人抓走似的。好半天,父亲终于抬起头,点燃了一支烟,深深地吸了一口,又长长地吐出烟圈:"船到桥门总会直的。"父亲声音很轻,像呢喃,好像是对我说,又好像是对自己说。

望着父亲铁青的脸,我的眼前浮现出那次和父亲捕鱼的情景,特别是那三条被挡在桥洞的木船。

就这样,我终于接受了"被拒考"的事实。那一年,我还不满15岁。

我后来想,那时我为什么没有想到自杀。主要有两个原因,一是自杀在当时还不普及,而我从来缺乏创新;二是那三条木船让我"学有榜样",船到桥门总会直,听其自然吧。

自尊心的伤害,总是会改变一个人的心境。有的人可能从此一蹶不振,破罐子破摔,看穿人生,游戏人生,严重者会仇视社会,报复人类;而有的人可能会像皮球受拍一样,你打击得越重,它的自尊反弹得越高。出于自卫,本来柔软的心会慢慢变得坚强,真所谓豆腐心肠越煮越硬。我属于后者。

离开学校后,我的自尊心强到了极致。那时我暗暗发誓:上不了大学,我要做一名作家。于是,我将自己整天关在家里:看书,写作,在一些报刊上发表了好几篇散文、小小说。每逢我的习作发表,不识

字的父亲拿着我从不超过十元钱的稿费单,像接到我的大学通知书一样,翻过来调过去地看。

有哲人说,上帝关闭了你的门,会为你留下一扇窗的,这话我信。1979年开春,家乡的村小里要招一位代课教师。面对要吃要用的现实,我产生了去当教师的念头。可代课教师也不是那么好当的,村子里有17个同龄人都想当呢!

让谁当?不让谁当啊?村里决定:考!

考,我是不怕的,只要不设置身体条件。有时候我想,社会上多一些善良的文盲,还真的有助于弱者生存、社会稳定。我由衷地感谢我们生产大队长"一字不识横划",让我"鬼鬼祟祟"地"混进"了招收代课教师的考场。就是这一考,我毫无悬念地成为村里的代课教师。而这一代,还居然一辈子与教育结缘了。父亲说得对,船到桥门还真直了。

这以后,无论是工作中还是生活中,我碰到了一点也不亚于甚至有过于"遭拒绝""被拒考"那样的挫折和磨难,但凭着父亲的那句"船到桥门总会直",让我春日观花,夏日听蝉,笑看院里花开花落,静观天空云卷云舒。我深深地体会,所有的船儿到了桥门一定会直,不管是歪打正着而直,顺风漂流而直,还是水流冲击而直,贵人相助而直,当然也有碰撞得伤痕累累而直,头破血流而直。但毕竟"直"了,那种"直"着过桥的滋味,也许只有"船儿"自己知道,但足够了,所有的歌儿不一定全都唱出来,留一些个人"专供",何尝不是生活的另一道风景?

多年以后,我在一家商场无意中碰到了沈老师,那时我已是省特级教师。我们寒暄之后,沈老师问起我父亲的近况。我告诉老师,父亲已作古十五年了,并感谢老师还记得他。沈老师一脸沉重地说:"这事真是遗恨了,其实,我一直想找机会向您父亲说声道歉。"

我好奇地问:"你向我爹爹道什么歉?"

于是,沈老师对我讲起了我从来没有听说过的往事。那年我被拒考后,父亲摸黑找到沈老师家,一再央求沈老师让我报名。任凭沈老师一再解释这是政策,可父亲根本听不进半句。后来,父亲居然在沈老师面前跪下了。

"说实话,我理解你父亲的心情,但反感你父亲当时的行为。"沈老师不好意思地笑了笑,继续说下去,"我妻子见到这场面,责怪道,侬这个老伯伯年纪这么大了,这么不讲道理的,你儿子不能报名,又不是我们定的规矩。跪在我家,以后我们家如果有晦气,要找你算账的。"

"后来呢?"我的鼻子酸了。

"后来,你父亲赶紧起来,嘴里反复叨念着'船到桥门总会直',慢慢地离开了我家。看着你父亲佝偻的背影,我和妻子反倒深深地自责起来……"

沈老师还在说,我的眼泪夺眶而出。我回忆起我遭拒考的那天,父亲的意外"失踪",黑夜归来后的怒拍饭桌。我一直以为,父亲对我从来都是淡定从容,不急不愁,由我滚爬,任我成败,像母亲埋怨似的"没头脑"。没想到父亲的爱居然埋得比海还深,海底的宝藏早已广为人知,而父亲的爱就连最亲的儿子也没有读出,更没法读完……

"船到桥门总会直",父亲的爱和我生命同在。

我与戏文

家乡绍兴,不但尽出文人,更"盛产"戏文。自明清以来,绍兴所属的五县一区先后孕育诞生了诸如新昌高腔、绍兴莲花落、上虞哑目剧等十余个戏种,并把其中的越剧和绍剧培育成闻名遐迩的国家级大戏。绍兴乡下,至今保留着"村村都有大戏台,人人都是小百花"的演戏唱戏格局。大凡上了年岁的人,肚子里没有几十出诸如《唐伯虎点秋香》《三打白骨精》《翠姐姐回娘家》等戏

文,很让人觉得对不起"绍兴人"这个称谓。

我父亲无愧于"绍兴人",绝对忠诚于他的戏文,当然戏文也给了父亲丰厚的"回报"。比辛亥还早两年出生的父亲,从未进过一天学堂,通过戏文,不但能看懂整本戏考,会唱几十出戏,而且还根据自己的生活经历,创造了"戏文告(教)人做人"的"何氏语录"。不但如此,父亲还用十分戏文的方法,将年仅7岁的我,拉进了他的戏文场,成为自己最最正宗的"得意门生"。

我们家住在海边,20世纪60年代,父亲是以靠捕卖海产养活我

们一家的。在大割资本主义尾巴的那段历史里,虽说父亲去城里出卖的海产品,都是全家人辛辛苦苦从海里捕捞的,但弄不好会被城里人以"投机倒把"之嫌,没收处罚。为逃避此难,父亲发明了他的"神桶"。

父亲"神桶"粗看和一般的木桶没有什么两样,但父亲把木桶制成抽拉式的。一个高不过一公尺的木桶,父亲将它分割成上下两格,每格可像抽屉一样,拉出来,送进去。父亲就是靠这两只会变"魔术"的木桶,上格装大米(大米不属于倒卖),下格装海产。在实际经营中,父亲用"卖大米"之名,做"卖海产"之实,保证了生意的安全性、可靠性。

"爹,您真有办法!"我觉得父亲简直就是魔术师。

父亲则摸着我的头,说自己的这一招,是跟人学的。我忙问是谁。父亲说是陈琳。我说陈琳是谁。父亲说他是个古人,都死了好几百年了。我更不解了,那你是怎样跟他学的。

父亲摇着蒲白扇,不紧不慢地开讲了:"这里有个故事,话说宋朝廷里有个叫陈琳的太监,出身贫苦,正直善良……"

当父亲讲到陈琳用果盒的上层装鲜果,果盒的下层装太子时,我终于明白了父亲"跟人学的"之意。从父亲的嘴里,我知道这个故事叫《狸猫换太子》。

"爹,这故事你从哪里听来的?"。

父亲很认真地告诉我:"五龙庙里的戏班子,隔两天就演绍兴大板,我就是从那里听来的。"

"戏文也讲故事?"我问。

"戏文都是故事,都蛮好听的,还能告(教)人做人。"父亲摸着我的头,"下次五龙庙唱大戏,你去不去?"

我连声说:"去的!去的!"。

这以后,每逢庙里演戏,父亲总会背着我去看戏。在父亲的肩膀上,我看到了一出一出的绍兴大戏,什么《借东风》啦,《孙悟空三打白骨精》啦,《三请樊梨花》啦,《狸猫换太子》啦。在我那没有图书,没有

绘本,更没有VCD的童年时代,戏文——父亲和我的亲子共"读",成了父亲对我童年阅读、早期启蒙、兴趣培养的全部,给我无趣的童年增加了绚丽的色彩。

我十分相信有位哲人说过"家族相似论"。在父亲的影响下,我们兄弟姐姐六个,几乎人人爱看戏,人人会唱戏。唯一不同的是父亲只爱绍兴大戏(绍剧),而我的哥哥姐姐们,除了绍兴大戏,还爱看京剧样板戏、越剧传统戏。我是家里的老小,是家庭的"花朵",这边沐浴着父亲的阳光,那边享受着哥哥姐姐们的雨露。今天和父亲看绍剧,明晚和哥姐们观京剧看越剧。一来二去,我看的戏文最多,戏路最广,会唱的段子自然也多。甚至有几出戏,我能将唱段和读白,一字不漏地唱念出来,乐得父亲一个劲地夸我"唱得好,唱得好"。

但真正让我自己感到"唱得好",是初一年级的那次样板戏比赛。

我上初中时,正是样板戏的天下。我们的语文教材,简直就是样板戏的第二剧本。仅两年制的初中语文教材里,我记得初一有《红灯记》里的"痛说革命家史",《奇袭白虎团》里的"坚持斗争",初二有《沙家浜》中的"智斗",《智取威虎山》里的"深山问苦"等选场。整本教材薄得可怜,但对入选的样板戏选场,只字不删,保证绝对厚重,尽显"样板"风范。

样板戏不但语文课里教,还进行全校性的演唱比赛,而且一年多次。

那一次,我们学校安排庆元旦样板戏演唱比赛。我们初一年级刚学完了《红灯记》选段"痛说革命家史",老师就把比赛曲目选定其中一段:李铁梅的"听奶奶讲革命"。

那时候普通话教学根本没有开展,我们课堂上学的和生活中讲的全是当地土话,但京剧样板戏唱的是北方话,我们南方人听的不是太懂。加上没有唱片机、录音机,听样板戏的唯一来源只是电影和村里的田头广播,所以同学们普遍都不会唱,也不喜欢唱。但要比赛,只能凑个数,应付了事。前面三个班级唱下来,与其说他们在唱京戏,还不如说是在念唱词,而且还是用土话念京戏,气得学校教高中样板戏的女老师金梅,将脸绷得像一张弓。

轮到我们班了。我们五十四个同学排成三排,我年龄最小,个子也矮,自然排在队伍的第一排,我抬起头,发现自己正好面对金老师,我赶快逃开了她的目光。

现在想起来,那时候的比赛根本就是为难我们。哪像现在,有洪亮的音乐作伴奏,有醒目的字幕作引导,有鲜艳的画面作背景,可那时有什么呢,不但没有字幕,没有背景,最多就是风琴伴奏。可那次比赛,由于前两天各班级连续排练,你按我弹,依次轮番,那架老风琴,终于像个瘦骨嶙峋的老人,由于长期的严重透支,失去了最后的弹性。

出于对样板戏的感情,金梅老师还是不无激情地宣布:"下面,请一(2)班演唱革命样板戏——《红灯记》选段'痛说革命家史',预备——唱!"

我们仿佛领了圣旨,大声唱起来:听奶奶讲革命,英勇悲壮……唱得实在太难听了,不,是读得实在难听极了。

金老师坐不住了,离开了凳子,走了下来。那眼神怪怪的,仿佛《红灯记》里的鸠山(《红灯记》中一角色)发现了"密电码"。金老师径直走到了我的旁边,将耳侧了过来,我紧张得有点发抖,虽然这段戏对我来说,熟得就像饭焐萝卜(方言,意为极其熟悉),但在这么多的人前清唱还是第一次,何况这位老师的表情有点吓人。我低下了头,壮着胆唱着。当唱到"我爹爹像松柏意志坚强"时,女老师一挥手,将整个演唱制止了。这时,我看到金老师兴奋得像座山雕(《智取威虎山》中一角色)得到了"联络图",跳到她的座位上,大声宣布:"这次样板戏比赛,冠军,就是——他!"

金老师迅速跳下来,一把将我从人群中拉了出来。还没等我回过神来,亲切而又不无命令地说:"你把这段戏,向全校老师和同学再唱一遍!"

幸福敲门了。虽然我爱唱戏,也常常得到家人的表扬,但能得到这个高中老师的肯定,我好像吃了蜜。我清了清嗓子,动情地唱了起来:"听奶奶讲革命……打不尽豺狼决不下战场!"

掌声,像雷,又像风,持续了好长一阵子。

"还会唱什么吗?"金老师问。

"会唱《奇袭白虎团》,会唱《智取威虎山》,会唱《沙家浜》……"那时,我才11岁,老实至顶。

金梅老师哈哈大笑:"会唱得还真不少,再给我们唱几段吧。"

于是,就在学校操场上,我唱开了。按今天的话说,我开出了首场个人样板戏演唱会。

这以后,我成了班上,不,是全校的名人。名至学习能手,宣传标兵,三好学生;官至文娱委员,学习委员,副班长,班长,着实让我觉得风光无比。后来我才知道,那个发现我会唱戏的金梅老师,来自杭州,因个人问题被下放到乡下。第二年,听说她调回家乡海宁去了。自此我们再没有见过面,但直至今天,我时常在梦里感谢她。

我16岁那年,家乡小学需要一名教师,我通过考试,带着对戏文的无限喜欢走上了教育岗位,从此一辈子与教育结了缘。都说隔行如隔山,而我至今35年的教育生涯中,越来越觉得教育与戏文,如果用山作比,那绝对是两山连一山。

20世纪90年代初。有一次,我们绍兴组织市级学科带头人评比,我被推荐参加。就这样,我从乡里,杀到镇里,又从镇里比到县里,最后参加绍兴市教育局组织的终极评比。那一天,我们七位从各县(区)选拔上来的语文教师,聚在一地,借班同上五年级的《五月端阳》一课。轮到我了,虽说事先作了充分的准备,但由于比赛紧张,我一开课就漏掉一个介绍屈原生平的环节,快到结课时我才想了起来。要补上去明显是个破绽,不补,绝对是瑕疵。忽然,我想起了前些天唱过的越剧《屈原》,于是,我装作自然地过渡道:《屈原》的故事书里有写,戏里有唱,有一出越剧叫《屈原》,想不想听?同学们一听语文课里还有戏可听,都来了精神。我趁机说,下面老师要唱的这段越剧,是屈原的自我介绍,你好好听听,越剧里都唱了些什么?于是,我清唱道:"屈原事君已十载,平日为人王明白。奸臣若是来陷害,分明另有诡计在……"通俗易懂的唱词,委婉动听的曲调,加上我有板有眼的演唱,赢得了孩子和听课评委的满堂掌声。事后,评委们说,何老师的文本拓展环节处理得很好,用家乡的越剧带给学生视听的享受,既介绍了屈原的生平,又丰富了课堂形式,增加语文课的文化色彩。结果,我的评比顺利通过。我偷偷地笑:评委们都被我的唱功折服了。哪里是课堂拓展,明明是以唱补缺。有时候,一俊还真能遮百丑!

不过这次"遮丑",确实给了我一个非常深刻的思考:戏文既可以用来拓展,那可不可以用来导入过渡甚至解读?这堂课可用,下一堂课可不可用?语文教材多半是文学,戏文也是文学,既然都是文学,同宗同祖,两者不是亲兄弟,至少也是堂哥俩,他们都讲故事,只是变着"法子"讲故事。我忽然联想到自己小时候跟着父亲看戏的经历,那时候,原本我是冲着戏里的故事去的,对,故事教育,我的语文课就从故事教育入手。故事教育的形式可以很多,但至少包括戏文故事法。那天,我高兴得像发现了金矿,以《西厢记》崔莺莺的"知音千古此心同,尽在不言中"为题,将自己的思考结果写在日记上,成了我生平第一篇发自内心的教学反思。其核心观点是:让语文课因为戏文变得更生动、更感人;让传统的戏文因为语文变得更具体、更悠远。

冥冥之中,我属于故事。1996年至今,我被上级任命为一所学校的校长,恰好,这所学校地处我国著名儿童文学家,童话故事《小猫钓鱼》的作者金近先生的故乡。童话作家,这明摆是个"故事",且是儿童最最喜欢的童话故事。于是,我提出"童话教育"的办学思路。后来,我们征得上级及金近先生家属的同意,将学校校名改成了"金近小学"。

有一次,我在读友人吴其南教授送我的《中国童话史》时,读到"民间童话来自于民间故事,包括民间传说、民间神话甚至民间歌谣"一说时,深受启发。长期以来,我觉得很多传统戏文演的就是童话,充满浪漫主义、理想色彩,像死后化作蝴蝶再相爱的《梁山伯与祝英台》,为龙女传书深入龙宫的《柳毅传书》,将大海煮沸赢得爱情的《张羽煮海》,将长城哭倒、感天动地的《孟姜女》。在理论的支持下,我决定把民间故事作为童话教育的寻根,引进课堂,让今日的孩子了解童话的母亲,进而认识文化的母亲。当然,戏文教学法,便是其中的形式之一。那时,刚好宁波有个教师培训机构来我校搞活动,邀请我给他们上课。我决定就上民间童谣教学课。

两个星期后,我开出了我的第一堂民间童谣课。为了让学生从多种感官上,加深对民间歌谣的了解,我将几个著名的民间歌谣,以各种不同的形式呈现在课堂上。有以古诗形式出现的《牛郎织女》,有以电影形式出现的《后羿射日》,有以民间小调形式出现的《孟姜女》。当然,少不了我的戏文教学环节。课堂上,我多次借用了民间戏文,特别将越剧唱词、对白编成童谣,作为教学材料。在"连锁调"类童谣的教学中,我将越剧《祥林嫂》中祥林嫂和阿毛在门口剥豆的对白引入课堂,并用越剧说唱的形式,带着学生诵读:"妈妈我要豆,啥个豆?罗汉豆。啥个罗?三斗箩。啥个三?破雨伞。啥个破?鞋子破……"在"游戏歌"童谣教学时,我还当堂演唱越剧:"书房门前一枝梅,树上鸟儿对打对,喜鹊满树喳喳叫,向你梁兄报喜来……"赢得孩子们响亮的鼓掌声。

下了课,好几位青年教师围住我,说你的越剧真好听,他们也想学。我只当他们在客套。我觉得这些正吃着苹果,看着"苹果"的超男快女,对传统戏文的感情,有待时间考验他们的必要。我更知道:戏文,不适合在太快乐太现实的日子欣赏。大多数戏文美丽但不现实,更不划算。比如《牡丹亭》,人鬼情未了;比如《红楼梦》,死了还要爱;比如《梁山伯与祝英台》,人间难成连理枝,只能死后成双对。戏文,唱得太慢,很难在快节奏的时代潮流中,落地生根。那里,虽有阔气豪华的大包厢,但没有戏文的位置,即使有,也会被震撼的音乐给驱逐,被刺眼的灯光给吓跑。

然而我欣喜地发现自己的武断。今年春节开学后,我们学校毕业出去的一位大学生来看我。她告诉我,她从小喜欢我的越剧,在我的越剧兴趣小组里,学到了好多戏曲段子,现在北方读大学,她在学校里组建了一个越剧演唱社,教北方人唱越剧。我一喜。无独有偶,前些天,我看到学校长廊下,四年级的几个孩子在唱越剧"我家有个小九妹"。见我过去,有个叫金可玉的小朋友,不无盼望地对我说:"何老师,这学期你还带我们越剧社团吗?"我想起去年期末说过,下学期可能我不带社团的事,没想到这些孩子一直记在心上。我问:"你们真的爱唱戏?"

"真的爱唱!"孩子们异口同声。

金可玉嫌表达的还不够,仰着脸补充说:"过年时,我们村里演了三场越剧,我场场都去看的。不信,你问他。"她指着一旁的小男孩。

我连声说信的信的。

是的,我应该有理由相信:戏文,一如它"私订终身后花园,落难公子中状元"的代名词那样,终究会有爱它的"情人",会有"中状元"的时候。也许,越是住上现代文明的殿堂,越会令人向往传统文化的草房。

历史的脚步是圆的,是到这个时候了。

第三章　师　恩　如　山

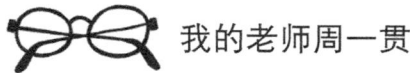我的老师周一贯

在小学语文界,周一贯无疑是"入眼率""入耳率"极高的名家。有人爱称他是语文教育的"熊猫":著书一百多部,撰文一千余篇,讲座一千余场,其影响之大,受惠之广,属小语界少有。

我认识周老师是 1999 年,现在算来,整整十六年了。

那一天,我去家乡县城实验小学参加语文名师研修社成立活动。

乡下人进城,总是喜欢赶早。我赶到学校,实验小学校门还紧闭着。校门对面柳树下的几条石凳上,坐满了一些须发皆白的老年人。我知道,那是一些"向天再借五百年"的晨练一族,现在正是他们美好的"练后反思"时段。

"坐放这儿好了。"一个亲切的男高音跳进了我的耳朵,寻着声音,看到三四米外,坐着一位穿着藏青背带长裤的白发老头,他正努力为我腾出一块弥足珍贵的空间。

我毫不客气地把书放下坐了上去。

我一直以为,我们做老师的,最大的特长就是善于"人尽所用"。

第三章　师恩如山

看着面前这个老头没有离身的意思,我脱口道:"老师傅,您替我看一下包,我到对面去买个包子,行吗?"

"没事,你去吧!"这时,我才注意到此老头六十岁上下,长得鹤发童颜,像极了家里张贴的寿星图。白发到底不是虚长的,老头很解人意地补充说,"你在那里吃完过来好了,我不走!"

雷锋时代的人就是好,我心里想。

我吃完早餐,初夏的阳光已经穿过柳叶,将一堆斑斑驳驳的光亮,撒落在石凳上,晨练的那道"白色风景"消解了,只有那老头还在践行着自己的承诺。我感到很过意不去,连连道谢。他淡淡地说:"没什么!"

一会儿,我们分散在进入校园的人流中。

语文名师研修社成立活动,在学校小会议室举行。我们几个所谓的名师刚坐下,市教研室阮老师就风尘仆仆地走了进来。她背后,是一团移动的白色,很抓人眼。咦,这不是替我看管书稿的!我心里一咯噔:该不是老头遗忘了什么,找我来了!

正想着,阮老师满脸灿烂地把老头引到会议桌正前方,用激动得有点发颤的声音说:"各位兄弟姐妹,我们研修社十分荣幸,请到了我国著名教育专家、特级教师周一贯先生担任我们研修社导师……"

啊,周一贯,他就是周一贯!

擅长言说的阮老师滔滔不绝地介绍着周一贯学术如何如何之高,提携后辈如何如何之勤,影响中国语文教育如何如何之大,但说实话,我在绞尽脑汁地编织着如何向他表示歉意的言辞。

研修社是小社,才9个人。阮老师开始一一介绍我们社员了。当把我介绍给周一贯老师时,他不无风趣地说:"这位我认识。刚才我'顾问'了他的书稿。"

阮老师和社员们听得一头雾水。我将事情的经过简单地向大家作了描述。听得大家直叫:"你真行,让专家给你看包!"

事已至此,我也打趣地说:"谁让你们不搞童话。在童话王国里,国王和小矮人是平等的。"

周老师对我的作答饶有兴趣："哎,你怎么说了那么多童话?"

一旁的阮老师赶快对周老师介绍说:他来自以著名儿童文学家金近先生命名的金近小学,是我市语文名师,还担任了学校校长。他提出了"童话育人"的教育理念,最近正在编一套校本童话教材。草稿他带来了,也想请您指导指导。

我趁机送上周老师替我保管过的书稿——那一袋子装在塑料袋里的校本童话教材草稿。

白纸黑字造就的世界,往往容易博取别人的眼球,甚至是信任,特别是对于一个热衷于耕耘其中的文人。近二十年了,我清楚地记得,周老师在打开那袋书稿后,一边翻阅,一边频频点头,赏识之情写在脸上。看了大约五六分钟,他用夹着浓重的绍兴方言的普通话,不无鼓励地说:"这位老师用语文教师的专业眼光,挖掘地方名人金近资源,用童话开展语文教育,编写童话校本教材,绝对符合儿童语文教育方向,此研究大有前景!"

我深知,周老先生的评价,是巨人对小矮人的"宽慰",甚至是"哄骗"。即便如此,我也心满意足了。

从这以后,我成了周老师名正言顺的学生。当然,他也成了我名副其实的导师。我们时常为语文教学、为小学教育交流体会,探讨观点。

有一次,周老师把绍兴市下面200多名语文名师拉到我们学校,要我上一节童话写作指导课。那次上课内容是根据成语"龟兔赛跑"新编一个童话。为请老师把关,上课前三天,我把写好的教案交给了周老师。

看了我的教案,周老师对其中的一个环节——乌龟克隆出一批乌龟和兔子玩比赛,提出自己的看法。他认为,这一设计,过分突出了玩乐,仿佛一出闹剧,只是热闹好玩而没有意义,甚至容易造成负面意义。而我一再坚持自己的观点,说小孩子不会想得那么多,只是玩玩而已,即使对他们有影响,也未尝不可:社会本来就不是一片光明的,为什么不可以让学生提前"入世"。周老师很严肃地说:"何夏寿,学校教育一定要坚持方向性。这一点,与作家不同,因为作家的作品不一定是教材,当然可以追求个人审美趣味,但我们是搞教育的。"

见老师说得一本正经,而且也在理,我连忙说:"课堂上我会注意的。"

我这个人,很会受环境的支配。一上课,当孩子们说到"乌龟可以克隆出一批乌龟和兔子玩比赛时",我不但没有制止,而且和孩子大玩"群龟戏傻兔"游戏,课堂气氛十分活跃。孩子们的表达欲被彻底激活,大部分学生当堂完成了"龟兔赛跑新编"故事。从孩子上交的习作来看,除了兔子看着山羊吃草,追逐小溪流水忘了比赛之外,相当部分故事还呈现尔虞我诈的消极内容。这可是毫无"意义"的故事啊,挨批是注定了。

果然,名师班同学们的评课,直批我的"作文价值"有违教育、社会之主流,只重"有意思",轻视"有意义"。而且还放大了人心之恶,世道之险,社会之黑。

在主持人的邀请声中,我晕乎乎地看到周老师走上了舞台,坐到主席台。我像犯了弥天大罪似的,耷拉下脑袋,接受他的"宣判"。周老师清了清嗓子,用他高八度的绍兴普通话,发表了《童话写作的童心主义原则》评论。一个小时的评课,周老师不看任何稿件,不放任何课件,从传统作文讲到文学创作,从传统童话讲到现代童话,观点鲜明,旁征博引。非但没有对我的课批倒批臭,反而大为赞赏:"上课之前,我和何夏寿就故事的'有意思'和'有意义'有过交流。说实话,我们做老师指导学生作文往往会突出'有意义',包括我自己。但很多时候,学生的思维会被这个'有意义'限制了,童话作文容易变成寓言作文。今天何夏寿的课堂,恰恰在这方面给了我们启示。在他的童话指导过程中,突出了个体的审美体验,注重了儿童对故事的需求,彰显了儿童意识。对于听惯了传统作文课堂的我们来说,这是一种难得听到的文学创作指导课,是作文教学多元化的具体体现。我提议,我们为何夏寿的探索鼓掌!"

会场的掌声，驱散了乌云，送来了阵阵暖风。

这次活动之后，我与周老师走得更近了。他的家，也成了我生活与工作的充电所。

有一次，在他的书房里，我谈起了几位著名儿童文学大师的子女要我组建个"江浙沪儿童文学教育联盟"，为作家进校园、进课堂铺条路子。周老师一听，大为认同。说实话，我因怕事多生烦，对此"分外之事"并不热心。一段时间以后，我把这事给忘了。

一天，周老师托人给我送来了一本书。这是一本很有纪念意义的书——《周一贯：语文教育60年》。因为是语文专家的纪念文集，出版社做得也十分精致。我小心翼翼地翻开了扉页。啊，书的封二居然是2004年周老师给我的题词：智者践行，静水深流。

我紧张、兴奋、欣喜、惶恐，各种情感交织在一起。解读了半天，也读不懂周老师如此让我"位高权重"的真实意图。直到今天，我无端地认为，在周老师眼里，我是一只看着山羊吃草会忘了比赛的兔子，一只追逐蜻蜓蝴蝶不好好钓鱼的小猫，需要时时"旁敲侧击"。无论如何，周老师对我之期待、之关爱，大可"以词"为凭，以书为证了。

我终于建立了"江浙沪儿童文学教育联盟"，将儿童文学引进了小学教育。周老师很高兴，两次参加了我们的活动，听课，作讲座，忙得不亦乐乎。每次活动结束后，周老师总会鼓动我："其实，你应该为联盟学校上一堂课！这才能显示出你的'领袖'风范。"我总是笑笑说，下次吧！

被周老师催得不好意思了，去年暑假，我对周老师说："下学期联盟活动，我上一堂童谣教学课。请您现场点评，如何？"

"这就对了。哪有当领导不带头示范的。"周老师笑着，对一旁给我们倒茶水的夫人说，"到时，让黄老师给你拍照，做电子相册！"

说是给我做课堂电子相册，黄老师很开心，十分幽默地说："到时，让何夏寿潇洒得飞起来！"

可惜，天不假寿。去年九月，黄老师赴青海旅游时，不幸车祸，黄老师独自驾鹤飞去了。站在黄老师的遗体前，我半天没回过神来：为黄老师的匆匆离去,更为周老师日后起居、日常写作……

死总是影响着生,不管是唯心的还是唯物的。有的人因为"人固有一死",于是,他们向死而生:更加珍惜当下的"生",认真地体验"生",用各种方式延续"生";而有的人因为终将一死,于是,向生而死:消解一切生的意义,把生的核心定格在吃喝玩乐、纵情享受。

周老师属于前者。送别黄老师的七天之后,我收到了他的亲笔来信,是用小楷写的,内容很短,但极为感人:"感谢您对夫人不幸的关心。今后在语文教学上,如有需要,愿尽余生相助。"

这就是周一贯——语文的钟灵,教育的天使。即使遭遇了天大的灾难,他依然对教育、对语文抱着一腔忠诚。我知道,周老师喜欢陶潜,他的书房就以陶潜的"审容膝之易安"中"容膝"自诩。作为"陶粉",周老师一定悟透了陶潜的"死去何所道,托体同山阿"的真谛。

果真,半个月后,我去看他,闲聊中,周老师很坦然地对我笑谈了他的生死观,其中就讲到了陶诗中的此句之意。我正要安慰几句,周老师问:"你那个童谣活动什么时候搞?"

我望着周老师白得发干的头发,满脸的倦容,还有客厅墙上黄老师的遗像,很困难地说:"活动是下个月在浙江浦江县搞,不过,您就——就——"

"怎么吞吞吐吐的,下月几号?"周老师看出了我的心思,声音远得像从天外飞过来,"上个星期,我去过杭州,参加了语文馆的开馆典礼。"

"上个星期?开馆典礼?"我惊讶地问。

上个星期不是黄老师的"头七"吗?按照我们绍兴的习俗,亲人去世一个月内,至亲是不能参加任何喜庆活动的。否则,会被旁人责怪无情无义、不忠不诚。周老师和黄老师伉俪情深,相濡以沫这么几十年。黄老师"头七"未满,竟会去杭州参加开馆典礼?

"我请过假的。"周老师凝望着黄老师的遗像。

我看到老师眼里起了薄雾。

周老师起身给我添了杯水,平淡而不无坚定地说:"生死由不得自己的,但我可以为我的'留下'作主。"

就这样,周老师参加了在浙江省浦江县举行的全国首届童话教学研讨会。当满头白发的周老师,用他那依然洪亮的绍兴普通话,对全场600多名教师,点评着我的童谣课堂时,谁也不会想到:讲台上谈笑风生的他,刚刚送走了至爱的夫人,刚刚抹干了伤心的泪水。

这就是周老师,一个从事农村小学语文教育实践研究60年,著书183本,撰文1880余篇的教育专家,一个时时督促自己"休将白发唱黄鸡"的"留下"者。

我知道,周老师的"留下",其内核是"善"。善待孩子、善待故土、善待万物……

白发为证,周老师用岁月当纸,生命作笔,书写"留下",呼唤人们回家、爱家、恋家。

第三章 师恩如山

老师领我进了门

活到知天命的年龄,闲下来总爱打开记忆的"电影机",回放一些记录在生命中的"城南旧事"。也许相隔的时间太久,或者回放次数过多,心灵的触角渐渐麻木,好多当年令人动容的人事,好像左手握右手似的,平淡无奇,毫无感觉。但不知为什么,每当放到这个场景,放到这张亲切的笑脸,依然让我暖流滑过,怦然心动,甚至还想流泪。

这个场景是课堂,这张笑脸是周鹤龄老师,一位五十来岁的中年男子。当然在认识他之前,我是不知道他的名字的,更不知道他是我们上虞的小学语文教研员。那是1983年,我20岁,在家乡前庄村小已经代了三年课。

也难怪我的孤陋寡闻。我们做代课教师的,即使理想大得如同搏击长空的鸿鹄,但命运依然薄得如同风雨天借住在人家屋檐下的燕子,有一阵算一阵。不是燕子不爱家,不恋爱,而是别人根本不让"爱"不让"恋",甚至根本不允许你有这样的想法。

有一次,我们学校要派三位教师去乡中心小学听课,以往听课都是校长指定的,这次校长说,要去听课教师们自己先报个名,省得想去的没去成,不想去的像被抽壮丁一样,无奈地去。

我觉得校长的安排无异于商鞅变法,从心底里叫好。代课三年了,我还没有一次到外校去听课。每次外出听课,总是排资论辈的,谁的年龄大,谁的教龄长,无论怎么也轮不到我。而每次听课回来,教师们总会抱怨这不方便,那不划算,似乎外出听课对于他们是出去遭罪。那时,我默默地想,要是让我出去听课,我一定对学校歌功颂德!这下好了,允许教师报名,这简直就是天赐良机了。

那时,我们学校才十位教师,包括校长在内,都挤在一个办公室。校长的话才落,我第一个报名:"校长,我想去!"

校长很惊讶地望着我,那眼神仿佛是正在安详的休闲的人面对

突然闯进来的异客。我再看看其他老师,他们的表情,庄重得就跟庙里供奉的神。就连我小学时的班主任丁老师,也用极不自然的眼神看着我,似乎想告诉我什么。

空气,静默得凝固了。

"夏寿想去就让他去么!"声音里有点笑意,但不柔软,甚至有点针样的扎人。说话的是金老师,学校教务主任,也是学校里的内当家。那时,我已经读过《红楼梦》,我常常无端地将她和小说里的王熙凤联系起来。她是学校里最见世面的人物,常常外出,当然也常常畅谈外出后的感受,多数以控诉外出让她学不到什么,顾不上看管儿子为主题,大有她为学校舍小家之意。虽然,老师们在背后对她的言行颇有微词,但毕竟她大权在握,加上她在教学上确有一手,因而,她在学校的地位之高,声望之响,恐怕连校长也要让她三分。

"大家怎么不报名?"校长仿佛根本没有听到我的话。不,他是听到的,但我的报名根本不是他想要的报名,甚至我还够不上报名。

我的心敏锐得如同温度表。我羞愧得热出了一身冷汗。

"如果没人报名,那还是金教导作为学校代表,辛苦一趟!"校长的话,像勉励出征的战士一样,殷切而期待。金老师的点头那样神圣、庄重,让人深深地感谢她再一次血战沙场,不辱使命。

报名会就这样散了。我的脸烫得像火在烧。我逃出了办公室,在学校食堂里,打了一盆井水,直往脸上泼。

丁老师来到了食堂,给我递上了一块毛巾,让我擦擦脸,大冬天的,当心伤了身体。

"夏寿,你报什么名哦!"丁老师像母亲一样数落着我,"你是代课的,一年聘一次。上次,校长不是说,下学期,可能有一位新的公办老师要分进来。"

我的心一阵抽搐。说实话,代课的工资才24元,我不稀罕,但我已深深地爱上班上的孩子,只希望自己能再代两年,将这批从二年级接手的孩子带到他们毕业,这样即使被学校辞退了,我心里也会好受一些。

第三章　师恩如山

丁老师的提醒我是知道的，那是上个月的星期一，校长在全体教师会上说过的。

"可是，我只是想去听次课。"我对丁老师诉说着心中的怨气。

"那也不行。你想想，下学期也许不再留你做老师了，还派你去听什么课。"丁老师索性打开了天窗，"你一出去听课，你的课要有人替你来代，人家会愿意吗？学校要给你报销出差费，学校有必要吗？"

丁老师说得很对，她到底是我一直敬仰的老师，从小看着我长大，又看着我做上了代课教师，成为她的同事。丁老师是十分清楚我的情况的，她饱含深情地说："民办老师有可能转公，代课是没出息的，你写写唱唱都不错，开年后，还是去考乡文化员吧，那可是大集体编制的。"

可是，了解我的丁老师还是不了解我。三年课代下来，我和孩子们已经成了鱼和水，或者是水和鱼，难舍难分。

报名之事过去大约两星期后，有一天，校长在办公室里对大家说："刚刚接到通知，明天，县教研室语文教研员周鹤龄老师，要到我们学校听老师上课。"

周鹤龄，这是我第一次听到这名字。我觉得这名字取得很特别，我想象这位老师应该是个鹤发童颜的老人家。

听说县教研员要来听课，老师们的表情紧张得如同面临大敌。见过大世面的金老师补充道："周老师对课要求特别严。上课时，老师哪怕有一个字读错，他都会挑出来，批评你误人子弟。"被她这么一说，大家一个劲地央求校长不要安排周老师到自己班里听课。另一位年龄稍大的金姓女老师，半是玩笑半是当真地说："我一听周老师来，就紧张得想上厕所。真要安排到我这里，明天我要麻烦大家来厕所里救我。"

"可是，周老师来听课这事已是铁板钉钉的事，谁能替学校承担一节课？"校长好像也被大家说得乱了方寸。他的话，不像平常那样威严有力，说得几近央求了。

我听到大家有点走了样的呼吸声。

不就是上节课给人家听吗？用得着这样如上刑场似的。我真想替大家"革命"，可一想起上次报名的事，想起丁老师对我说的话，我打消了充当"英雄"的念头。因为，人家不需要我去"革命"，也不准我去"革命"。

终于，在众人仰望之中，金教导以学校声誉为重，掷地有声地说："我来上一节好了，否则学校太没面子了。"

我们都佩服金教导关键时候挺身而出。

第二天早上，一到学校，金教导就红着眼睛，说昨晚课备到凌晨一点多，睡梦里还在背教案。校长和全体教师都感谢金教导拯救大家于听课中。为此，一向治校严谨的校长主动对金教导说，上午回家去休息一下，准备下午好好"亮相"。金教导当然以学生为重，坚持不下"火线"。

传说中的周鹤龄老师在乡中心小学校长的陪同下，降临在我们学校。

周老师其实并没有和他的大名一样，鹤发童颜，老气横秋，倒是凝重干练、潇洒英俊。他大约五十多岁，眉清目秀，身材不高不矮，不胖不瘦，长得跟精心定制出来的模型一样，恰到好处。他的声音并不粗豪厚重，而是清脆响亮，像是雨落春池，又像是夏风过荷，富于质感，动人心弦。我大胆地用目光向周老师问候，可周老师的目光只是礼节性地扫过了我，并没有和我对接。

周老师显然和金教导很熟，和校长寒暄之后，对金教导说："金冬梅，等会是你上课吧！"

金教导笑得像朵花，一面问候着周老师，一面说着学校小，老教师多，大家都害怕上课，只好由她献丑了之类的谦词。

"我看你们也有青年教师啊！"周老师好像对金教导的话并不太感兴趣，他望着我对校长说，"这位老师贵姓，是新分配的？"

"他——"校长迟疑了一下。

我的脸一下子发烧了。

"周老师，他是代课的。"金教导的声音，就像一只皮球似的，碰到对面的墙上,又从墙上弹回来,砸到我的心里。

我收回了刚和周老师对接上的目光,自卑地低下了头。

周老师"哦"了一声,大约停了几秒钟,我听到周老师从夜空中穿过来的声音,像一根透着清香绽着嫩芽的柳枝,不偏不歪地落在我的身上:"让他上节课,我听听。"

"他是代课的。"这回是校长在强调。

"有'教'无类么!"周老师的话,包裹着春天里的阳光,音量不高,但节奏分明,像是在敲门,一下,两下,三下……

我的心门被周老师敲开了。于是,周老师和校长稍作商量后,临时决定,第一节我上课,第二节金教导上课。

说实话,我的想象是比较丰富的,但无论如何想象不到周老师会主动提出听我的课,我高兴得如同民间故事里的呆大抢到了绣球,甜得就要醉倒了,但是我提醒自己只能醉不能倒。

眼见得周老师和校长他们搬着凳子走进了我们五年级教室,我的大脑慢慢地指挥自己的神经放松再放松。稍作镇静后,我决定就上《大仓老师》。

上课铃响了,我看到孩子们望着教室里的陌生老师,紧张得两只手不知放到哪里。为平息情绪,我对孩子们说,今天咱们班里来了几位客人老师,我们唱个歌欢迎他们,好不好。没等孩子们说好,我就唱开了:"静静的深夜星光在闪耀,老师的房间灯火明亮……"我听到孩子们的歌声,像小河的流水一样,哗哗啦啦地跟了上来。

在一曲《每当我走过老师的窗前》之后,我开始了揭示这节课的课题——大仓老师。

我一向喜欢文学,对于作品中人物的理解,从不套用参考书里的标准解读,而一贯突出其多元性、体验性的文学意味。我清楚地记得,这节课里,我用"给大仓老师画个像"这一游戏式的教学形式,鼓励孩子们通过读课文、品课文,结合自己的想象,用语言给大仓老师"画像"。有的说是平易近人的大仓老师,理由是他对富孩子和穷孩子一视同仁;有的说是一本正经的大仓老师,他话不多,不苟言笑;有

的说是关心穷人,爱护弱者的大仓老师,因为他根本不把富家子弟山本春美放在眼里,等等。课堂上,孩子们踊跃发言,十分活泼,我只是要求孩子们,用书中的话来支撑自己的"画像"。在课结束之前,我临时想到了一个小练笔,让孩子将自己要对大仓老师说的话写下来。

课一结束,周老师显得十分兴奋。他快步从教室后面走到讲台前,握住我的手,像是遇到老朋友似的,把我拉到了隔壁的办公室里,当着全校教师的面,激动地说:"你的课,放到全县去上,都是数一数二的。"

周老师的夸奖夹杂着飘香的花瓣,我觉得自己也和花瓣一起在舞在飘。

"可惜他是代课的。"

金教导的话,依然柔软中带刺,让我终于不因得意忘形而越飞越高。

周老师好像没有听到金教导的话,只是关心地问我一些诸如喜欢读什么书,喜欢写什么方面的文章等,我一一作答。周老师频频点头,仿佛他这次下来的就是听我的课,听我的回答。由于他把心思集中在我身上,以至于要不是校长的提醒,他都忘了该去听第二节金教导的课。

金教导是学校的当家花旦,她的课自然上得不错。在接下来的由全校老师参加的评课环节中,周老师充分肯定了金教导的课,但每一个在座的老师都明白,对于我的课,周老师是偏爱有加的。他从目标的定位,教材的处理,教法的安排,师生的互动等方面,一一加以梳理,点评,夸得我阵阵发热,听得金教导的脸一会红,一会白。说实话,我真希望周老师将更多的赞美送给金教导。因为,对于久寒的我,一缕春风就足够暖心了。

这次活动结束后,天色已经不早了。金教导很热情地邀请周老师到她家吃饭,说她老公也姓周,认识周老师。周老师很高兴,答应去她家吃晚饭。

就这样,我与周老师握手告别,心中充满了不舍。

第三章 师恩如山

晚饭以后,我正在灯下记录这光辉的一天,我的学生金森祥气喘吁吁地跑到我家,说是他家隔壁的金老师让他来找我,叫我马上去她家,县里来的周老师叫我过去。

这么晚了,周老师难道还没有回家去?我跟着金森祥来到了金教导家。是的,周老师正笑眯眯地坐在金教导家,和金教导的丈夫聊着天。见我过去,周老师起身把我拉到他身边,让我坐在他身边。我忽然觉得周老师的笑脸,有点像我的父亲。

"夏寿,"周老师的声音好听得就像抒情散文,"明天,我要到隔壁一个乡听课,金教导叫我晚上住在她家,我请你过来,和我作个伴,可好?"

我感动得只是一个劲地点头。

这天晚上,我和周老师躺在一张大床上,谈了很多很多。我讲了自己艰难的代课经历,也讲了自己如何强烈地喜欢孩子。周老师鼓励我在语文教学上探索适合自己的路子。他还说,有个教学原则叫"有教无类",这是对学生而言的,但他认为也适用于各类教师的。他鼓励我说,是金子总会闪光,只要你在教学上作出成绩,我相信代课教师也是可以成长的。

我们就这样同床而谈,拥被而眠。看多了民间故事的我,还不时地咬咬自己的手指头,确信自己真和周老师睡在一个枕头上,并没有做梦。周老师也根本不是某个仙人,因为我听到了他轻微而有节奏的鼾声。虽说外面正是隆冬时节,但我觉得被子里特别温暖,我将手伸到被子外面。黑暗中,我感觉到周老师几次将我的手放回到被子里。我终于让憋了一天的眼泪,放肆地流淌在这个美好的黑夜里。

一星期后,我正在办公室改作业,校长神秘地把我叫到外面。对我说:"接到乡小通知,说县里要在谢塘镇小举行语文教学活动,周老师叫你去上《大仓老师》。"

我的心激动得怦怦直跳。我知道校长叫我出来,怕是伤到正在办公室里的金教导的心。

其实,我们的担心根本没有必要。事实上,她比我们任何人早知道这回事。这天放晚学后,办公室里只剩我们两个。金教导和颜悦色地对我说:"夏寿,刚才校长是不是告诉你去上课什么的。"

"是的。"

"到谢塘镇小上《大仓老师》。"

"是的。"我问,"你知道了?"

"周老师上次在我家吃饭时就告诉过我。"

"上次?"

"对啊,就是他和你睡在我家那次。"金教导用十分平和的语气,不无真诚地说,"周老师真是个好人,他为人处世很公正,特别爱惜好老师,他那次实际上是到下面学校选拔到县里上课的老师。他觉得你的课上得比我好,就决定请你去上课。但考虑到我的感受,所以特地留在我们家做我的工作。其实,他根本就用不着做我的工作,他是教研员,想请谁上谁不上,还不是他一句话的事。"金老师说得十分动容。

我听得鼻子发酸。

"好好准备准备,有需要,我会帮你的。"金教导的话像春风掠人。我第一次感受到,原来高傲威严的金教导竟是如此和蔼可亲。

从此以后,我的课走出了校门,走出了乡门。在周老师的精心指导下,我成了上虞地区上课的"明星"。1985年,我这个代课教师居然拿到了上虞地区语文教坛新秀的大红证书。再过三年以后,我被县教育局破格招收为公办教师。正式走进我所心仪已久的教育之门。

今天,当我站在全国好多灯光摇曳、音响悦耳的上课舞台上,面对着台下几百甚至几千双明亮的眼睛,我会感受到,其中有一双饱含赞许与鼓励的目光,像聚光灯一样,暖暖地追随着我,柔柔地包裹着我。不管我身在何方,只要我在课堂,这双目光永不暗淡,永不消逝。

不是别人,那是我的恩师——周鹤龄老师的目光。

 拔 河

我6岁时,才知道自己的右腿有点毛病。娘告诉我,3岁时,我遭遇了一场严重的高烧,幸亏菩萨保佑,保住了性命。"你的右腿不是毛病,那是菩萨给你做上的记号,好让娘一眼就认出你是我的儿子。"娘边说边擦去"喜泪"。

上了小学后,我完全明白自己患的是小儿麻痹症。由于我的走路姿势和别人不大一样,常常成为别人嘲笑和攻击的对象。后来,每次下课,要不是内急,我就不离开座位和大家玩,省得我一走路,就惹别人眼球,遭别人笑话。那时候,我真希望自己能是一只老鼠,生活在不用见人的地洞里。

但我成不了老鼠,和我的右腿不可能变好一样。学还是要上的,书还是要读的。何况母亲几乎天天对我说:"腿不好的人,脑子特别好。只要你好好读书,将来腿好的人还不如你呢!"母亲的话还真灵,从一年级读到二年级,我的考试成绩每次都是班上第一。

读小学三年级的时候,我们班换了一个班主任,姓丁,长得像歌里唱的"小芳"那样,长辫子,大眼睛。每次放晚学,我总是要多跟丁老师说几次再见,为的是多看一下丁老师花一样好看的脸,听几句丁老师莺一样好听的声音。

丁老师教我们语文,也教体育。凡是她上的课,我都特别喜欢听。因此,我的语文学得特好,丁老师常常夸我字写得好,朗读很有感情。

有一天,丁老师拿来了一根绳子,对我们说,这节体育课,我们就去拔河。我心里想:"拔河,河可以拔吗,那不是有水吗?拔河干吗要用绳子呢?"

丁老师把我们40个同学分成4个组,每组10个人。她把我们带到学校操场上,把绳子高高举起来:"河怎么拔知道吗?"

同学们都说不知道。我问:"到河里去拔吗?"

丁老师笑了,再次扬起她手里的绳子:"拔河就是两组的同学,从相反的方向使劲拉绳子,绳子拉到哪一边,哪一边就胜利了。"

哦,原来是拔绳子。这有什么好玩的。

丁老师大概看出了我们的心思,说,拔河不但要比哪一组的力气大,还要比哪一组的心往一处想。因为只有心往一处想,力气就往一处使了。好了,下面我们开始拔河比赛了,看哪一组是英雄。

拔河还有比赛,还能做英雄,同学们的兴趣都被丁老师激发出来了,我也一样跃跃欲试。

丁老师将她手里的绳子解开了,原来绳子的中间还系着一条红布。丁老师告诉我们这是标记,帮助我们看清楚绳子往那边移动,移动到地面上划定的界线后,就表示拔过了河,取得了胜利。

丁老师讲完后,我们的拔河比赛开始了,先上场的是我们第一组和第二组,丁老师指导我们如何紧握绳子,怎样通过侧身使劲。指导完毕后,丁老师望着我们早就绷紧了的绳子,问:"可以开始了吗?"

"可以了——"我们响亮地回答。

"预备——"丁老师再次望了我们甲乙双方,大喊一声"开始!"

于是,我们这串20个人的"葫芦",使出全身的力气,将绳子往自己这边拉。起初,我还觉得挺有力气的,死死地拉住绳子,不一会儿就觉得快要透不过气了。正在这时,前面的才明一只脚绊住了我的腿。他一用力,把我整个人带倒了。我一倒,才明也倒在我的身上。于是,我们组很快被对方战败了。第二组的同学高兴得又是笑又是跳,还不时地指着我们组,贬低我们是"狗熊"。

丁老师站出来为我们说话了,说失败是成功之母,要对方不要骄傲自满。何况,这只是第一场比赛,还有三场要比。然后,我终于怀疑丁老师说的正确性——接下来的三场比赛,骄傲的第二组始终没有因为自满而失败,可怜我们第一组也一直因为生了"失败"而做够了"狗熊"。

回到教室后,我们组立即开展了失败原因调查。调查的结果:何夏寿每次都跌倒的。

"他腿瘸的,我们再努力也拔不胜人家的。""把何夏寿给第二组,我们再比。""我们才不要他!"我们组和第二组同学争了起来。他们的话,像一把把锋利的刀子,无情地剜割着我稚嫩的心。

后来丁老师好像大声制止了同学们的争吵,也说了好长时间的话。我趴在课桌上,只管哭,也没有听清楚她到底说了什么。

这以后,我暗暗发誓:永不参加拔河比赛,省得丢人现眼。

可是班上的同学爱死了拔河。每天围着丁老师问什么时候拔河,丁老师总是说"过几天"。

这以后,每当遇到这天有体育课,我都会以"肚子疼"为借口,叫邻居才明向丁老师请假休息。我不但瞒过了丁老师、才明,甚至还瞒过了母亲。

每当请完假,我就静静地躺在床上,想象着同学们这时候正在操场上拔河,拔得喜笑颜开,我自己不觉泪流满面,哭着哭着,我就睡了

过去。每请一次假,我真的像生了一场病,连晚饭也吃不下去。那时,所有人都说我瘦得就像一只小猫。9岁了,才二十多斤重。

这一天,阳光暖暖的,风轻轻的。我们刚上完音乐课,班长让我们排着队,把我们带到操场上说,广播说明天要下雨,明天的体育课改到今天来上。一听说要上体育课,我紧张得小便都尿在裤子里了。

"大家想玩什么?"丁老师问。

"拔河!"同学们异口同声地高喊。

我像一个被捉住了的贼,只有等待着主人的"发落","热"得汗水淋淋。

夏秀英走过来,对我说:"夏寿,快来呀,拔河开始了。"

我像个木偶人,跟着她来到了队伍中间,又让她把我的手"逮"到了冷冰冰的绳子上。

丁老师大喊一声:"预备,拔!"

我只觉得绳子一阵颤动,不一会儿,第二组的同学一个个被我们这边的同学拉得东倒西歪。红色的标记迅速倒向我们这边。

"胜利了!胜利了!"夏秀英兴奋像母鸡生了蛋,一个劲地大喊着。受了她的鼓动,我们小组的同学高兴得手舞足蹈,像喝醉了甜酒。我终于为自己没有成为小组的累赘而泪流满面。

这以后,我们组拔河比赛胜利的多,失败的少,我终于不再"因病"请假了。

不过,我总觉得这胜利来的不是很正常。

有一次,丁老师对我们全班同学说,班级要搞文体活动。所谓文体活动就是文艺加体育。以后体育课,除了玩拔河,还要比唱歌。唱歌唱得好的,我们要请他们在全校去唱。这节体育课,我们就一人唱一首自己会的歌。同学们一个接一个唱,唱得好的大家鼓掌,唱得不太好的,跑了调的,大家按着肚子笑。我从小就喜欢唱歌,我上一年级时,才6岁,就因为唱歌唱得好,老师一高兴就收了我。轮到我唱了,我大大方方地把姐姐教我的《大海航行靠舵手》响亮地唱了一遍。一唱完,丁老师使劲为我鼓掌,紧接着,同学们的掌声响得像打雷。

真是哪里跌倒哪里爬起来。后来,我居然被大家选为班上的文体委员。从此以后,我爱上了读书。丁老师又叫我做学习委员。我一人兼做两个委员,不但不觉得累,而且每天觉得生活充满了阳光。心情好读书就好,五年级结束时考试,我得了个全班第一。就这样,我11岁时,就进了初中读书。

上了初中后,我才从夏秀英那里知道,那时候,丁老师为了我的自尊,挽救我对读书的信心,瞒着我,做通了班上同学的工作,有几个丁老师还是晚上去家访的。我听了两眼发热,要不是当着人家女生的面,我还真会掉泪。

四十多年过去,只要一提到"拔河"两字,我的眼前就会浮现出丁老师"小芳"般好看的圆脸,黄莺般好听的声音。

直到今天,我依然喜欢"拔河"……

"我去说说看"

约摸两百多人的会场里,县少先队总辅导员张杏云老师,站在一条印有"全县少先队工作大会"的大红横幅下,激情飞扬地点评着我的"小树祭赖宁"活动。

那是1988年5月,为响应国家少工委关于"向赖宁学习"的号召,我设计了一个少先队活动,大意是被赖宁所救的棵棵小树,都在深切地怀念着赖宁奋不顾身、见义勇为的英勇壮举,并以自己的快快成长回报小英雄的救助之恩。

也许是站在沾满喜气的红色条幅下,或者是对"有志不在年高"的赞许,两鬓泛白的张老师满面红光,用他一贯洪亮的嗓门说:"何夏寿老师的活动,用童话的形式,从小树的视角,还原了赖宁救火的动人壮举,表达了少先队员向英雄学习的决心。活动设计有创意,有特色,获得这次县少先队活动设计类第一名。"

在全场不知道送给张老师还是赐予我的掌声里,张老师把手高高一扬,会场一下安静了下来:"县少工委决定,下半年的活动,我们就去何夏寿的前庄小学,现场观摩《小树祭赖宁》大队活动……"

张老师的声音很富感染力,可无法感染我:下半年到我们学校搞活动,可下半年我还在学校吗?昨天,我们连校长就郑重地对我说:"上面正在清理代课教师队伍,下半年,我们学校将有师范生分配进来。你可能无法再代课了……"

我知道,我们一所不到两百人的小学里,已经有10位教师了,再分配一个,无疑要"清"掉我这个代课的。这一点我十分清楚,我们连校长几乎每学期都要给我"提个醒":代课总是临时的,你还是另寻高职!

当然,这些张老师是不知道的。

会场散去。我揣着怦怦乱跳的心,壮着胆来到了张老师的办公室。那是一间到处堆放书籍资料的小房间,要不是靠窗有张暗黄的办公桌,我还以为走进的是资料库。

这是我第一次近距离见到张老师。

见我进去,张老师有点意外地从办公凳上起身,热情地招呼我:"夏寿,请坐!"他把一条方凳端到我的跟前。

"张老师,"我低下了头,空咽了一下,很困难地说,"感谢您对我的肯定。可是,我是代课教师,下半年我不代课了——"

三十多年过去了,我清楚地记得,张老师听了我的话后,眼里掠过的是惊讶,仿佛在说,原来你是代课的?可是,我听到的却是和这眼神完全相违的声音:"我知道。你喜欢教书吗?"

"很喜欢的!"我脱口而出。

"喜欢就好。"张老师好听的男中音,像是一缕明艳的阳光,射到我密布阴霾的心田,"你们的校长,我认识。我去说说看,这么好的人才,应该继续留下。"

我也算是人才!我满脸发烧。我激动不已,倒不是因为张老师对我的评价,而是为张老师认识我们校长。那时我想,人家张老师是全国有名的少先队专家,只要张老师肯到我们校长那里"说说看",我留在学校继续代课肯定没问题。

平心而论,我们校长对我一直印象不错,时常在教师会上表扬我的语文课上得好,少先队活动开展得有创意。但我留心地发现,自从我和张老师对过话后,我们校长对我态度更好了,连看我的眼神、对我说话的口气,都是赏识和肯定,和风细雨似的。

有一次,我对校长说:"我们学校办个红领巾广播台。学校只要买个高音喇叭,我负责队员采编、演播,这样,可以把我们少先队的工作信息,及时向全队队员传播。"

校长一听就堆起灿烂的笑。毕竟是校长,统揽性更强,高兴地说:"对,除了少先队,学校工作也可以通过广播,宣传出去。到时,高音喇叭一响,周围的老百姓也可了解学校的事了。"

就这样,在我们乡,我们前庄完小办起了第一所"红领巾广播

站",很是受人喜欢。我有一个朋友在乡广播站工作,她知道后,写了一篇广播稿,在县广播站播出。张老师知道后,给我写来了一封信,表扬了我为县红领巾工作带了个好头。

幸福有时也爱凑热闹。几天之后,《上虞日报》上刊登了县首届"少先队十佳辅导员"的评比,我居然位列其中。当我们校长把这份珍贵的报纸送到我的手上,并向我表示祝贺时,我激动得热泪盈眶。

因为张老师和校长"打过招呼",再加上当选了县"十佳",后来,我们校长再不提下半年新教师分不分进来的事。我终于吃下了定心丸,舒舒服服地度完了整个暑假。

这一年秋季开学,我们前庄完小真分配了一个公办教师。不过,学校还是继续请我担任代课老师,校长也没有向我解释什么,仿佛一切与我无关。我心里一千遍地感谢张老师!

可代课终究不是长远之计。代课教师,就像生活在人家屋檐下的燕子,别人同情你就让你垒个窝,不高兴时,将你整个窝扔到九霄云外去。随着年龄的增大,我也开始为自己的将来着想,特别是为工作的稳固性担心。

有朋友给我带来了乡文化站招考文化干事的信息,并且动员我:"你文笔不错,可以去参考。"

我心里痒痒的。

那一天,张老师刚好来我们学校落实队活动,当他听完我的想法后,半天没有表态,只是紧皱着眉头。那神情,让我联想起电影里,指挥官面临一场十分重大的战役。突然,张老师的双眉一挑,像是下了决心:"这几天,我去找找教委主任,问问能否转正!"

"转正!"我像是听到天籁之音,但就那么几秒,我马上坠入了现实的泥潭,"我不是民办教师,张老师。"

那时候,国家已经开始清理教师队伍,对于1978年以前任教的民办教师,采用三管齐下进行整治:一部分清退,一部分入师范进修,再一部分转正。我是1979年以后教书的,说好是代课教师,享受不了民办教师的政策。我的去留,就像菜市场里的小菜,听凭买主发落。至于转正,不说痴人说梦,也是癞蛤蟆想吃天鹅肉。

"我去说说看,像你这样优秀的代课教师完全可以转正么!"张老师说这话的时候,表情之严肃,眼神之庄重,仿佛面对一项十分崇高的事业,"红领巾事业需要有爱心、有事业心的人来做,你已经是绍兴市优秀少先队辅导员了,又是我们县里的'十佳',离开学校多可惜,简直就是浪费人才。"

"我,人才?"我自嘲地摇着头。

"要对自己有信心!"张老师拍了拍我的肩膀。

我不太有自信,更不认为自己有什么本领,但我相信张老师对我的信任和关切是出乎内心的。要不是他,我想我不可能至今还在代课。

"我去说说看!"张老师的话,像是一块巨大的磁铁,牢牢地把我吸在代课教师的岗位上,吸引在少先队工作的天地里。

接下去的日子里,我在全乡、全县范围内,开出了许多少先队活动观摩课。从小队活动,到中队活动,到大队活动,我的童话创作风格在队活动中得到了充分的展示,我设计的一大批活动在少先队省市级的比赛中,频频获奖。

1988年底,一个很暖和的冬日,县教委来了一支业务考核组,说是要对我进行上课、备课等考核。为什么考核不清楚,应该是好事吧!带队的干部模糊地说。

教委派人来考核一位代课教师的教学业绩,这可是上虞教育史上先例,校长感到很意外。是的,校长不知我和张老师曾经有过的交心,更不知张老师对我说过"我去说说看"。只有我能体会到,这一切肯定跟张老师的"我去说说看"有关。如果真是这样,那么就跟我转正有关了。想到这,我紧张、兴奋、激动,百感交集。

因为心里有张老师这座"靠山",那次考核课,我上得特别自然流畅,活泼轻松,效果很好,考核组老师频频称赞。

一个星期后,我接到了县教委将我转为公办教师的大红通知,我像接了圣旨那样,差点大喊万岁了。

第二天,我请了假,带了一大包喜糖,坐了一个小时的汽车,来到了县少工委。张老师仿佛很意外,望着我递上的一大堆花花绿绿的糖果,问我什么喜事。

我诧异了:"我转正不是喜事嘛!"

"哦,转正了!喜事,这是大喜事!"张老师笑成了一朵花。

"张老师,谢谢您!"我恭恭敬敬地向张老师鞠了一躬,"要不是您找我们校长,找教委主任,肯定没有我的今天。"

听我说完,张老师哈哈大笑起来。那笑声,仿佛是百思不得其解而终于破了解,踏破铁鞋无觅而终于有了觅处。他把我拉到他对面坐下,一本正经地说:"夏寿,既然你已转正,我就实话实说,我是说过找他们,但想想都不合适,最后都没去。你能转正,说明你的实绩令人折服,是金子总会闪光的!"

像是突然听到有人告诉我,你居住的不是地球而是火星似的,张老师的话,让我一下子懵了。我扫视着面前这个慈眉善目、和颜悦色的长者,激动地站了起来:"不可能的,要是你不去说,不去打招呼,我不会有今天的!我的谢意,张老师您受之无愧的!"

张老师笑笑,随手剥开两颗喜糖,一颗送进自己嘴里,另一颗递给我,笑道:"这糖很甜,你自己也吃一颗吧!"

我还想问下去,可张老师开始对我说其他事了。

多年以后,我成了学校校长,成了一名特级教师,老校长因年岁问题,退职后成了我的下属,当年的教委主任也成了我接触频繁的可敬长者。我有太多机会太便利的条件可以澄清当年张老师有否为我找过他们之事,但我什么也没问。因为,我觉得张老师找没找过他们,有否"我去说说看",实在已不重要。重要的是,在我人生的小船遭受风雨,去留无主,进退两难之际,张老师的信任和鼓励,给了我足够的勇气和毅力,自信和激情,让我能把持这一叶扁舟,穿云破雾,勇往直前……

第四章 有你真好

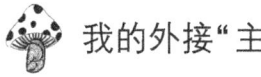 我的外接"主板"

我们常常感叹世风日下,人心不古,人际关系没有先前那样淳朴、坦诚。其实,任何时候都有善良和美好,只要我们用心去感受,我们脚下这片厚厚的黄土地,身边来来去去的人们,每时每刻都在以他们的真诚和善良温暖着我们,呵护着我们。

李立军,一个带着"军"气的名字,是20世纪七八十年代中国父母寄寓男孩的崇高愿景。其流行之广,普及之全,虽不能说立地成"军",但方圆十里,站在任何一个角落呼喊一声"立军",应答之响恐非普通广场音响能与之相及。

我认识立军,是在1996年8月21日。

那天早上六点多,初任校长的我,怀着急于燃烧的"三把火",骑车来到了距家近5公里的学校。今天,可是一个不寻常的日子。全校教师要报到,我这个新官自然要作一番"就职演说",这是其一;其二,学校要送走三位退休教师,还有两位新教师要来报到,我得向他们了解些基本情况;还有学校新建的教学楼工程要验收,前两天粗粗地走

了一遍,发现二层好几处地方的瓷砖贴得不是太好,昨天已通知施工方派泥水匠再作修理。

心想着事,脚飞快地踩着自行车。刚拐进校门,"砰"的一声,撞上了一辆自行车。还好,那辆车上没人。我刚要把车扶起来,跑来一位三十来岁的青年:黝黑的肤色,穿着土灰色的T恤,国字脸,长得浓眉大眼,头上戴着一顶白色的遮阳帽,他的整体"界面"显得很不协调。

"我来,我来。"他抢在我前面扶起了车子,难为情地一笑,"不好意思。"

道歉的应该是我。我被他的"不好意思"说得不好意思了:"车子坏了吗?"

"没事的。"他笑着用手擦去车把上的泥。这时,我才注意到这还是辆崭新的赛车。

"你是到学校来的?"我问。

"是的。"他答。

他一定是来补贴瓷砖的泥水匠。夏天天热,趁早风凉点,早点做早点收工,真会安排。我指着东北角新建的楼说:"你到那边二层去看看。"

他犹豫了一下,仿佛鼓了鼓勇气,问:"你是——"

"哦,我是这里的新任校长。"我望了望他的车子,"你先忙去吧,车子要是坏了,你可来我办公室找我。"

"嘿,嘿。"他尴尬地笑了两声,很难为情地摇摇头。

我开始忙我的事去了,一直忙到办公室主任通知我去会议室召开全体教师大会。我夹起本子就往会场赶,虽然我是本乡本土人,这里的大部分人都熟悉,但以前我是普通教师,今天换了一种身份和老师们见面,心里不免有些紧张。我走进了会场,坐到主席台前,用目光和老师们对接,既表示我的礼貌,同时也借机慢慢地放松自己的情绪。

当我的目光扫视到会议室的左角落,我定住了。怎么,早晨的那位泥水匠也坐在这里？我马上意识到我真撞坏了人家的车子。可这位师傅也实在好笑，不来办公室找我，却到会场"恭候"——难道这样方便和我谈条件吗？

还好，等到我整个发言完成，那师傅没有半点"骚扰"，而且还和着老师们的掌声，为我的"演说"拍手。真是个高素质的劳动者！

正想着，老校长兼会议主持在公布今年新分配教师的名单："今年我们学校新分到两位教师，下面我们欢迎他们作自我介绍。"

两位新老师在全校老师热情的掌声中站了起来。个子矮点的叫李洪表，那高点的"泥水匠"竟是新分配的李立军老师。听他介绍，他出生于1977年，才18岁。我暗自嘲笑自己的眼力太"低档"了。

教师会很快散了，我把李立军带到了办公室，请他坐在我的办公桌对面。这时，我才注意到他只是皮肤生得黝黑点，面部长得还是稚嫩的，夹杂着中学生那种特有的青春朝气。

我给他倒了杯水，首先感谢他的宽以待"我"，同时也问他一些家庭基本情况。到问到喜欢或者擅长教哪门学科时，他仿佛早就备好课似的，只两个字："数学。"一点也不拖泥带水，让人容易联想到此人不善言辞，但绝对擅长理性，是教数学的理想之材。

"哦，数学。"我瞟了眼放在办公桌上的教师任课一栏表，"我们学校缺的是语文老师。"

"嘿，嘿。"李立军不好意思地笑笑，那笑声让人立马联想到他在向我道歉——为不能解学校之"急用"。

其实和我撞了他的车一样，他是完全用不着"不好意思"的，每个教师都可以拥有自己的学科爱好，我立即解释道："其实数学老师我们也需要，只是语文老师更急需而已。"

他想说话，老校长来找我议事，我只好抱歉地请他回避。他识趣地起身，我对他说："你的名字真好记，我教过的学生里面，将近有一个班都叫'立军'的。"

"嘿，嘿。"李立军还是这样的笑，连变个调添个字都没有。

人是感情的动物。由于"撞车"留下好感，我对李立军特别留意，

加上他是学校好不容易分到的师范毕业生,即使从培养的角度,我也不断委以重任,除了叫他任教一个班级的数学,做四年级的班主任,让他做大队辅导员,还要他负责每周两次的学校红领巾广播。

有心栽的花还真不容易发。几次课听下来,几场活动搞下来,我发现他并没有达到我所期待的长进速度。有一次组织全校性的少先队活动,作为大队辅导员,他居然在全校师生面前,连一首队歌都弹不流畅。急得我亲自上阵,亲自操刀。不过他的心态之好确实令我佩服。面对现场"弹劾",既没有气馁,更没有表示抗议,而是帮助我按住摇摆的风琴,让我稳稳地将歌弹完。面对如此宽厚的胸襟,我反而觉得自己的行为是多么狭隘、偏激,甚至有失身份。活动以后,我主动向他"检讨",他听了,还是习惯地"嘿,嘿"了两声,一脸真诚地说:"哪里,是我弹得不好,以后我要好好学弹琴。"

他要好好学,我要好好反思。我觉得对于一个刚刚从学校里毕业出来的青年教师,我对他全面开花式的工作分派,近似于根本没有培养目标;而立竿见影的速成心理,无异于拔苗助长。一个学期以后,我减去了他身上的不少负担,让他一门心思地将重点放在数学教学上。由于集中了精力,他的数学教学日见上进,市里还把他选为名师培养对象。我为他高兴,在肯定他的同时,我常常感叹语文教师奇缺,尤其是童话教学的开展,更是需要语文老师的积极响应。

失败是成功之母,骄傲确实使人落后。也许我在教师会上多表扬了李立军几次,让他慢慢地滋生了自满心理。有一次,教导主任在检查教师的备课本时,竟发现他备课有点问题,没有根据要求超前一周备课。才教了一年书就这样,发展下去会如何,我在大会上宣布,李立军本月教学常规一项扣5分。

虽说扣分了,但我觉得事情实在有点蹊跷。那时,李立军晚上住在学校,我因为工作效率不高也常常住在学校。凭我感觉,他是个老实之人,没有什么社会交际,每次我路过他的办公室,总看到他一个人埋头写写画画。但居然备课没按要求,那么他在干些什么呢?我打算找个机会问问他。有一天晚上,我忙完了自己手头的活,去他办公室。他大概去洗手间了,灯亮着,门开着,但没人。我走到他的办公桌前,看到台板上摊着一本五年级的语文课本,课本下压着一本语文备课本,上面写的字分明就是他的笔迹。我觉得十分奇怪,他是教数学的,怎么在备语文课。正想着,李立军进来了,见我在看他的备课本,又是"嘿,嘿"了两声,不好意思地低下了头。

我问他:"你这是怎么回事?"

"何老师,我在想学校缺语文老师,下学期我改教语文吧!"停了停,他红了脸说,"上次数学备课没超前,后来我都补上了。"他从抽屉里取出了他的数学备课本,递向我。

我感动至极,为他受了委屈后不声不张的豁达大度;更为他舍弃小我顾全大局的奉献精神。面对如此教师,我只凭一鳞半爪、浮光掠影的迹象,武断"格杀",我为自己汗颜。

"可是,这样一来,你这两年数学白教了。"我知道自己说得违心,一点也不真诚,其实,我早有争取他改"行"之心,只是难以启齿。

然而,他的回答更令我感到自己的虚伪:"那也不是,我教过数学,再教语文,经历丰富些,还要感谢学校培养呢。"

"立军!"我激动地一把握住了他的手。那种感觉,犹如黑夜里望见明灯,再走近,发现点灯人竟然是苦苦寻找多年的挚友。

立军教了语文之后,无疑为我的童话教学平添了许多亮色。尽管他的专长是数学,但毕竟年轻,教了语文之后,尤其是对童话写作产生了浓厚的兴趣,几次练笔之后,居然在省级刊物上发表了三五篇童话作品,令我欣喜不已。于是,我们俩商量着组建了一个文学社,利用每周六下午的时间,为文学社的48个孩子辅导童话写作。我以面向学生讲课为主,他则以修改学生的作品为重点。我们俩辅导的学生陆陆续续在省内外报纸杂志上发表了好几十篇童话习作。乐得我们好像受了上帝的接见,天天想着如何进一步搞好这个文学社。

1998年冬天,为了说动浙江省作协儿委会主任倪树根先生支持我们开展童话写作,我们俩决定去杭州拜访老人家。

约定的日子,北风凛冽,雪雨交加,天老爷好像有意考验我们的

"取经之心"是否真诚。

我们俩坐了两个多小时的车,来到了杭州汽车东站,又坐了一个多小时的公交车,找到了电话中约定的位于孤山脚下的桃园新村。此时,我已累得四肢无力了。望着新村里一幢幢多胞胎般的高楼,我突然想到自己犯了一个十分严重的错误,只记了倪主任家502室的房号,而忘记了问住哪幢。那时候我们都没有用上手机,小区里也找不到电话。我们俩打着伞,站在刺骨的寒风里,急得大眼瞪小眼。

我望着对面的立军,左肩背着自己的包,右肩背着我的包,脖子下挂着学校资料袋,这分明就是一个卖包的小贩。难怪小区保安看着我们,几次从我们身边走过。

我笑着对他说:"卖包的,保安盯上我们了,我们就混进去吧!"

于是,我们装作熟门熟路的样子,说笑着走进了离我们最近的楼梯。好不容易走到了五层,可开门的是个小伙。幸亏小伙人好,不但没有以"私闯民宅"报警,还告诉我们对面那幢楼住的好像就是老作家倪树根先生。

心悸的害怕声响,口吃的害怕说话。对于腿疾的人来说,最害怕的就是上下楼梯。一想到现在要下5楼,过会又要爬5楼,我笑着说:"这10层楼梯下来,我今天真要为校捐躯了。"

"还不到时候呢!"立军显然已经视我为友了,一面和我开着玩笑,一面将胸前的几个包往两侧一拨,还没等我反应过来,就把我架到身上,"我可是挺立的军人!"

是的,有一次聊天,我就他的名字,问他父母对他寄寓什么愿望,表达什么远大理想。他说他是8月1日出生,中国人民解放军建立的日子。我说,这么说来,你本来想做挺立的军人!

就这样,立军像忠诚的军人救护伤员,把我从1幢楼5楼背下来,又把我背上了对面2幢楼的5楼。中途我几次执意下来,他说"直达电梯,中途不停",惹得我笑出泪来。

终于走进了倪主任的家,当我把找他的故事告诉老作家后,他大为感动,为我,更为立军。他表示,省儿委会一定尽最大的努力帮助我们学校开展童话写作。临别前,我们向老作家道谢,老人家不无风趣地说:"应该谢你们,让我知道伯牙子期还健在。"

好一个伯牙子期的比喻,被倪主任"启发"后,我们之间的关系还真朝"千古知音"发展了。

这些年来,我和立军朝夕相处、同"校"共济,执教在金近小学的时间长达两个八年;走过的求师访友、共商"校是"之路,远远超过两万五千里长征之路;我们取长补短、同心同德打下了"特色确定""学校更名""品牌创立"三大办学战役,将金近小学从一所名不见经传的普通村小办成全国知名的特色学校。我自己也从一名普通的农村小学教师成长为浙江省特级教师。每当别人把祝贺的鲜花送给我的时候,我总在心里把比花更美、比歌更甜的谢意默默地献给立军。

我绝对不是虚伪,立军更受之无愧。2008年的夏天,教育部有一部门领导,邀请我为安徽宿州教育局和灵璧教育局作两场特色办学讲座。答应之后,我开始后悔。虽说是假期,但那几日立军正在闹严重腹泻,打点滴已经三天了。如果告诉他我去安徽,他肯定会"舍身"作陪。权衡再三,为了他的身体,我还是将消息隐瞒了。

第二天,我一个人拖着旅行包来到了上虞汽车站。这可是近十多年来,我在无人陪同的情况下,只身一人赴外省讲课,心中除了紧张,还有一种空荡的感觉。

火车站人真多。售票口更是拥挤不堪,等候买票的队伍就像一条长龙,仿佛全世界的人今天都挤夹到这里。好不容易买好了车票,可我吃惊地发现,距离开车时间不到10分钟。从售票处到进站口还有相当一段路,我第一次体会到热锅上蚂蚁的感觉。真是屋漏偏遭连夜雨,偏偏这时,拖包的一只轮子坏了。箱子好沉哪,我后悔带了手提电脑,更后悔带上自己的几本准备送人的书。太阳本来就烈,加上心急,我觉得自己快要闷死了。面对着一个个从我身边掠过的行人,我多么希望他们能将善良洒给我一点点。

"何老师——"随着声音,一双有力的手夺去了我的拖包,是立军,我仿佛重新投胎般地一阵轻松。

"几点的车?"他问。

"不到三分钟了。"

立军不再说话了,熟练地用左臂夹住我右膀,右手拎着箱子,像训练有素的军人架着伤员,大步走向进站口。而我,像是一辆破旧的车子,机械地滚。上天还算开眼,由于车子晚发,我们竟然坐上了完全应该坐不上的车。在车内,立军补了票,告诉我,刚才打了我家电话,知道了我要去讲课。不放心,才赶过来的。

他说得轻描淡写,好像在转述别人的事。我的感激之心,阵阵涌动,翻江倒海。我望着他的病容,动情地说:"以前我只觉得残疾人是苦的,其实,做残疾人的朋友也苦。"

他又是腼腆的"嘿,嘿"两笑,说:"哪里,常做你的'智能拐杖',还能提升我的身体素质。"

"这么说来,你生病是因为'拐杖'做得不够。"

"是啊,所以我见机行动了。"

我望着大汗淋漓的立军,感动得双眼发热。我忽然感到,他黝黑的肤色,多像土地深沉、宽厚、静默、朴实的表情。

2014年上半年,中国儿童文学研究中心邀请我在全国首届童话教学活动中,上一堂童话教学课。接到通知后,我开始认真准备。几次试教下来,老师们一致认为,很好了,完全应该是个成熟的课例。我听了心里自然得意。

轮到立军发言时,一向不善言辞的他,唠唠叨叨地发表了长篇大论,却条条都是意见。说我的课展示自我的太多,没有贴近学生的实际;讲故事环节显得太拖沓,不够紧凑;特别是三个故事教学次序安排不当,没有尊重学生学习规律。说实话,我因残疾而要强,因要强而过于自尊,甚至有点自负。虽然知道立军说得在理,但毕竟当着整个学校语文老师的面,我很不高兴地说:"那你来设计?"

话一出,我觉得说得过头了。好像主办方邀请的是他而不是我,去展示风采的不是我而是他。

立军还是用他一以贯之的"嘿嘿"一笑,摇摇头,豁达地说:"设计我不会。只会乱说,乱说。"

我深知,和立军不擅穿着打扮一样,他没有伶牙俐齿,敏于行而讷于言。因其沉默寡言,以至于不了解他的人怀疑其是否患过"失语症"。我也常常取笑他"惜言如金",归保密局管理。但既然他说了这么多,肯定经过了深思熟虑。我当众抢白,无非是显示了我的"权威",还有自负。事后一想,我从心底里认同立军的观点,甚至佩服他的见解"与众不同",真有点"语不惊人誓不休"的气息。

这就是知音。当众人都说你好时,他会毫不知趣、直肚直肠地说你大有问题,让你不能沾沾自喜,更不能得意忘形;而当别人都说你不好,甚至在你十分失意、孤独、落魄时,他会毫无顾忌、责无旁贷地挺身而出,除了让你绝不感叹"孤帆远影碧空尽"的无奈,更让你感受到"海内存知己,天涯若比邻"的温情。

我当然采纳了立军的建议,不,应该是接受他的批评,那堂课上得特别的成功,甚至成为我课堂教学的"精品"。

立军常常戏说自己是我的"电梯"和"拐杖",但我觉得他更像我的外接"主板":智慧博大,宽厚仁爱,性情相通,忠诚可信。

"俗人"不俗

那一年,教育局出台了一项教师招考新规,在既定的招师人数范围内,由学校自主从前来应聘的师范毕业生中选择。当然,权利是对等的,人家准教师也有对学校挑肥拣瘦的自由。

那一天,2002年8月21日,我和学校其他几位领导带着事先制作好的学校简介,来到了招师现场。全市百来所学校高高低低摆开的招师摊位,花花绿绿的学校宣传画片,此起彼伏的广告录音,来来往往的红男绿女,像极了街头买卖正旺的地摊。

教育局给了我们学校6个招师名额。"生意"实在很好做,不到半小时,我们学校也招到了5个新教师,有教语文的,数学的,也有英语的,但就是没有我们所希望的音乐教师前来惠顾。

地摊生意就是方便迅捷,不到上午10点,我们发现,体育馆里退去了之前的热闹和兴奋,界面已经从"门庭若市"变换成"门可罗雀"了。除了各学校的摊位,按上级规定必须设到上午11时,前来应聘的新教师,极大部分名花有主,功成身退了。

我和同去的两位学校领导也绝望了,甚至后悔:早知招收音乐教师如此不易,与其空了名额,还不如刚才多招一个语文教师。

"领导好,你们还需要老师吗?"

一个很带磁性的男声,很让我想起电视里的男播音。

说话的是位很清瘦的小伙子,高个儿,瓜子脸,留着齐耳的长发,戴着一副看上去很精致的眼镜。粗一看,有点像湖南卫视何炅的味道。

"是的。我们需要音乐教师!"我望着眼前这位有点文艺的小伙,像面对一根救命稻草似的,问道,"你喜欢音乐吗?"

"喜欢的。"小伙子答得很简洁,问得更直白,"你们要吗?"

这简直就是如鱼得水的美事了,这样的老师能进我们学校教音乐,那简直就是拖拉机里装空调——高配了。为了不至于在新教师

面前放低身价,暴露真相,我故作清高地说:"请你先回避一下,我们几位商量商量。"

"高配"知趣地笑笑,走开了。不过,他并没有走远,只是退到听不到我们交谈的范围内。

就这样,"高配"真成了我们学校专职音乐教师。他叫邵瑞,和英文 sorry 同音。

"你这名字,是服务型、奉献型,而且还有点委屈型的。"签完合同后,我打趣地说。

"校长,您解释解释。"显然,他很会和人交流。

"你想,别人老是喊你'对不起',不就是向你致歉,致歉不就意味着你付出了、奉献了,人家还体会不了,感受不到,甚至误会你,伤害你,所以才说'对不起'吗!"我玩笑道。

"哦,是这样,那老天菩萨长眼睛的!"他笑着脱口而出。

"老天菩萨长眼睛的",是我们家乡的方言,意为事实真相终于大白了。这样的俗语,虽然意思直白,形象生动,但毕竟过于粗俗,不够雅观,一般读书人都不屑一用,久而久之,也就淡忘,更别说使用了。只有上了年纪的农民,才不避俚俗。而这么年轻的一个小伙,居然引用得这么贴切,我不禁对他多看了几眼。

邵瑞就这样走进了我们学校。我为孩子高兴,也替音乐室里那架"珠江牌"钢琴庆幸。由于学校一直没有像样的音乐教师,那架上级拨下来的"名琴",三年来,一直寂寞无主,孑然一身。

这一天上午,是新学期开学前的休息天,我在学校整理文件。三楼音乐教室传来悦耳的钢琴声。寻声上楼,果不其然,邵瑞端坐在琴凳上,专心致志地按着琴键。

他在弹奏的是一年级的《上学歌》。说实话,邵瑞弹奏的并不娴熟,甚至不够通畅。不过,他弹得很投入,以至于我在他身边站了许久都没有发现,直到我不自觉地唱起了"太阳当空照,花儿对我笑……",他才回过神来,讪笑道:"校长,我弹得不好……"

"还可以。"我安慰着,"这琴也刚认识你嘛!"

"这倒也是,以前师范里,我们学的都是风琴。弹钢琴,对我来说,也是吃陌生饲料。"他笑着站了起来,把琴凳让给我坐。

吃陌生饲料。我心里咯噔了一下,这小伙说的话很老成,和他的年龄,特别是他时尚的穿着很有反差。

"校长,听人说你精通音乐?"邵瑞很会控制气场,打破了沉默。

"喜欢而已。"我忽然一想,我何不利用此时此地,听听他的演唱,也算是了解了解他的总体音乐素养,"我们选一首歌,一起唱,怎样?"

邵瑞迟疑了一下,说:"就唱流行歌曲《一剪梅》吧!"

我自告奋勇地说:"我来弹琴好了。"

于是我按起了琴键,我们一起唱了起来:"真情像梅花开过——"邵瑞的声音圆润、浑厚、饱满,十分悦耳,我有意轻轻隐去自己的演唱,他似乎没有感觉到,依然放着声唱。当唱到"一剪寒梅傲立雪中"这句高音时,他的声音接连出现破音,后来笑笑停唱了。

我问怎么回事,他说,我的高音发不上去。我说一直如此吗,他说"嗯"。高音发不上去,那怎么可以唱好歌呢,联想到他刚才弹的琴,我开始觉得邵瑞并不是理想的音乐老师。不过,我还一厢情愿地认为,可能是初次在我面前唱歌,发不出高音或许也有紧张的原因。

可后来的事实,让我终于相信,邵瑞的歌唱实在属于一般。

那时候,KTV是我们学校老师每周聚会的首选,无论是获奖请客,生日庆祝,凡是聚会,都会去KTV引吭高歌。邵瑞活泼开朗,长得帅气,能话会道,很有人缘,特别深受女同胞的青睐。加上他是教音乐的,大凡放歌,几乎场场必唱。但说实话,每次他都没有一首完整的歌唱出来,究其原因,一到高音处,他就停唱,让伴奏特立独行,任其高山流水就是不配知音。

一个学期下来,我们很熟了,说话也随便了。有一次,我半开玩笑道:"其实你并不适合教音乐。"

他竟说:"是啊,可你们当初只招音乐了。"

"那你干吗不直说?"

"校长先生,那天我再不投你们所好,我要被发配到很远的地方去了。"他哈哈一笑,"不是说水蛇要性命,田鸡要肚饱,先找了工作再说。不懂不会,边教边学,不是说教学相长吗?哈哈——"

"水蛇要性命,田鸡要肚饱",又是熟悉的谚俗,我甚至认为,凭着他这么鲜明形象、妥帖自然的语言表达,我这个做长并没有做到人尽所用,因材"使"教,不让他去教语文,倒是我的十八个不是。但再一想,我倒来气了,这小子,这么投机取巧,要是你不来应聘音乐老师,说不定我们还有希望和期待。可现在倒好,舞台被你占了,可演出就是不会。

当我把自己的想法对学校其他领导说了,副校长李立军告诉我一件令我十分意外的事,他说:"有一次,他碰到师范里一位音乐老师,说是邵瑞每个星期天都到他那儿学唱歌。说他音域不宽,发声不科学,邵瑞自己都十分着急。说是辜负了校长对他的期望,很是过意不去。"

"哦,是这样!"我这个人很会感动,听了他的话,有点为自己的抱怨而内疚了,"那学费多少呢?"

"每月550元,我问了。"李立军补充道,"还是便宜的,学生价。我们这位音乐老师可是全市最有名望的音乐专家。"

我也听说过那位音乐老师,凭他的名望,每月550元的收费实属友情价,但对于每月只有1050元工资的邵瑞来说,几乎耗去了他的半壁江山。我忽然联想到食堂就餐时,邵瑞从不买肉,只是挑蔬菜吃,便无端地认为邵瑞越发显得像棍子似的身材,跟每月支付550元的学费有关。

还有这样好学的小青年。我开始留意起他来。

万事从来就怕认真,勤还真能补拙。一年后的新教师业务比赛中,邵瑞居然捧了个市级音乐教师比赛一等奖。我和学校领导商量后,任命邵瑞为少先队大队辅导员。

2004年上半学期,市教育局组织全市小学生文艺会演。演什么好呢?邵瑞提议,我们排练舞蹈《小鲤鱼跳龙门》好了,因为这是金近先生创作的,去市里展演,可以亮出我们金近小学的特色。我和分管艺术教育的副校长都说好。

就这样,我们请学校教舞蹈的金老师,排练节目。邵瑞说,一个舞蹈节目涉及二十多个学生,一个老师忙不过来,他来协助金老师排练。

一切都在顺利地进行中。可是,距离规定会演的时间还有二十来天,教育局突然下了个通知,说是因为租用场地等原因,提前十天进行会演。

这下我们可乱了阵脚。整个节目学生倒是会跳了,可演出的二十八套服装,连布料也还没有最后买定。更何况这个节目里的服饰,全是鲤鱼河蚌、虾兵蟹将之类的动物服装,做起来十分不易。这可怎么办呢?去责怪上级言而无信吗?不敢。放弃参演吗?不能。

我立即召集了相关人员。邵瑞一开口就说,这服装的事,我来负责好了。看着还未完全褪去孩子气息的他,我不无担心地为他撑腰:"好的,我和你一起负责此事!"

邵瑞或许也揣摩到了我的意思,哈哈一笑:"校长先生亲自挂帅,没问题!"

有人说,校长是学校工作中最不可靠的角色,此话实在很有道理。刚说好我和邵瑞负责服装制作,可好,几乎是同时,绍兴市教育局一个通知,叫我去全市各地作特色办学的报告,白纸黑字写得清清楚楚:不得请假。

"去吧去吧,龙王龙子做大事,虾兵蟹将做小事。这几套服装的小事,就由我来做好了。"邵瑞的调侃,还有些暖人。

就这样,我以上级的"不得请假"向邵瑞"请了假"。一个星期之后,我带着领导对我的高度肯定"荣归故里"。一走进学校小鲤鱼剧场,看到里面坐满了一大群陌生的妇女姑娘,每个人都在紧张地忙碌着:有的用衣针在挑金线,有的用剪刀在修剪,有的用熨斗在熨衣服,这支约摸五十来人的娘子军队伍,好像一支训练有素的制衣工人队伍,一丝不苟地各忙其忙。

"何老师,回来了!"顺着话音,我身边的一个硕大的"河蚌"开口了,这时,我才发现,邵瑞正蹲坐在一个"河蚌"的道具里,用缝衣针缀着一个扣子:"这个蚌壳,做得怎么样?"

我望着好像越发清瘦的邵瑞,不无感激地说:"很像的,很像!"

"邵老师,你来看一下,小鲤鱼手上的套子,这样做好不好看?"一个响亮的女高音,从前面飞了过来。

"好的!"邵瑞嘴里应着,从河蚌里弹了起来,向前面走去。

"邵老师,我的虾头做好了,你看一下,行不行?"我身边的一位中年妇女,站起来对邵瑞说。

邵瑞手里拿着一只小鲤鱼手里的红色套子,跑到了我的身边,检验那只"虾头",他很高兴地夸奖道:"做得好的,这只虾简直就是活的。"

说完,他扬了下手里的小鲤鱼手套,提高嗓门说:"各位做鲤鱼手套的家长请注意了,手套缝完后,再斜着添三道一厘米宽的金色边带,这样,色彩会丰富一些。"他似乎觉得说得还不够形象,跑到舞台上,将手中的三条金边,用双面胶粘到手套上。红色的底纹配上金黄的边线,还真有点波光粼粼的意思。这时,我才知道,邵瑞请来的这批娘子军,全是学生家长。亏他想得出来!我暗自佩服邵瑞的老练和精明。

"邵老师,我的手套是大鲤鱼用的,边带用多宽的?"一个妇女举起了手里的鲤鱼手套。

"碗大勺有数,你自己看着办吧!"邵瑞不无幽默地说。

"哈哈——"剧场里一阵欢快的笑声。

"这个邵老师,说话真有趣。"我身边一个胖胖的妇女,显然和邵瑞混得有点熟,边缝扣子边笑着说,"邵老师,今天还有点心吗?"

"当然有啦!要想马儿跑得快——"

"当然要给马儿吃青草!"前面的一位中年妇女咯咯地笑着,抢去了邵瑞的话。

"哈哈哈——"又是一阵灿烂的笑声。

伴着笑声,邵瑞给每位学生家长送上了一袋面包、水果,笑着说:"休息一下,加汽油了!"

这天放晚学,在56名家长的配合下,邵瑞完成了全部的服装道具制作。为了表达我的谢意,我走到了台前,对家长们说了几句感谢的话。刚才向邵瑞要点心的那个胖胖的妇女,笑着说:"何校长,这是我们应该做的,都是为了学校。以后你只要打个电话给我们就好了,不用写信的。"

写信?我写什么信。我嘴里应着"好的好的",心想,这个家长该不会说错吧。可看看家长们的表现,他们好像都有同感,都在附和。

"校长写信邀请,更显诚意嘛,没事!我们校长可是作家,写封邀请信,小菜一碟。"邵瑞接过了话头。

家长散去后,邵瑞告诉我,为解决服装、道具问题,他从全校班主任那里,调查到一批会针线的学生家长,可考虑到家长都有自己的活要做,所以就以我的名义,打了封邀请书,邀请家长前来帮忙。解释完后,邵瑞学着电视里的样,做了个认罪的动作,顽皮地道:"未经允许,我先斩后奏,不怪吧!"

"不怪不怪。"我的心里溢满了春风,"你美化了我,让我不劳而获了通情达理的美名,我还要犒劳你呢!"

这次会演,我们学校以优美的舞姿、丰富的道具、富于特色的节目创意获得了舞蹈类一等奖。这可是近几年来,我们学校在全市的小学生文艺会演中,取得的最好成绩。

后来,邵瑞担任了副校长,与我走得更近了。

近距离的接触,就像电视里的近镜一样,远看时很雅致的面孔,因为过于放大,往往"催生"瑕疵。尽管我也知道,人无完人,但蓝天里不时飘过的乌云,不免影响天空的湛蓝。因为走得过近过密,我发现邵瑞有个十分致命的缺点,那就是不爱读书。不要说是大部头的文学名著,就连读些短小的美文,也常常耐不住性情。

每每说到书里的内容,他总是不屑。有一次我和他参观李清照纪念馆,我说她的词写得就是好,像《如梦令》里"试问卷帘人,且道海棠依旧",多有意境!他听后,竟说:"什么卷帘人来卷帘门,这些文绉绉的人,连自己的生活都把持不了,让人家骗财又骗身,光会读书有什么用！"

真是俗人说俗话！我心里笑骂道。

说实话,我虽不认定"万般皆下品,唯有读书高",但始终认为,最是书香能致远,一个懒得读书的人,缺少成事的基础,尤其对于教师这样的读书人。

"你写过的论文,级别最高的能发我几篇吗?"这一天,在我的办公室里,邵瑞对我说。

他一说,我立马想起平常时,一遇到上级有什么总结、计划、报告之类的,这个"卷帘门"总是投机取巧地从我写过的论文、讲座之类的文稿里,东摘一段,西挑几句去应付一下,还美其名曰"成果应用,经验推广"。我常常取笑他为"裁缝师傅",剪剪贴贴,拼拼凑凑。

那几天,我正为拆建教学楼而烦,没好口气地说:"我的文章,都不是任你安排吗！没有了！"

他对我吐了下舌头,退了出去。

后来几天,我发现他每天放晚学后,总是将办公室门锁住,不知道在里面干什么？一般情况下,我晚学回家,是全校最后一个。但那几天,我发现他比我走得还要迟。

学校负责教科的主任告诉我,邵瑞有个音乐与童话方面的课题要立项。这下就对了,怪不得前两天又向我要资料,原来他也想搞课题了。与文结缘是好事,但要让他自己动动脑筋。摘抄别人的,永远成不了气候。

这一天,教育局打来电话,说是浙江省第十批特级教师要申报了,局里研究了一下,认为我可以参评,评审材料请于三天后上交。

我一听就来气了,对着话筒说:"你们讲点理好不好。这么急的事,为什么不早说?"

对方得理不让人,话说得软,可针芒很露:"何校长,主要是你的成绩太多太高了,暑假里的预备通知,还不够您准备！"

我忽然想起来了,早在八月份的时候,局里是下过通知,说是打算参加下半年省特级教师评选的教师趁暑假准备材料,特别提到获奖材料起讫时间从参加工作到现在。都怪我自己无头苍蝇似的乱忙,把这事早就忘到九霄云外去了。算了,算了,不评了。

正想着,邵瑞捧着一叠厚厚的材料,走进了我的办公室:"何老师,你看看,这样整理行不行?"

我傻了,放在我桌子上竟全是"何夏寿第十批特级教师评审材料"。我粗粗一数,共20本,每本评审材料大约400多页,材料的封面都是我的彩色课堂照。我打开其中一本,目录上清清楚楚地打印着我各个时期的有关开课、论文、获奖、发表等索引。

虽然正值隆冬时节,面对着邵瑞送上的这叠资料,我全身发热:"这些天,你就为我准备这些!"我感动得无话找话了。

"不是为你准备,是为我们学校准备。"他的笑,裹挟着真诚与直爽,"真要是评上了,我们学校的老师,我们学校的孩子,都长脸了。"

"这么说,是辛苦我一个,光荣你我他!"

"就是!"

哈哈哈,我们都大笑起来。

我带着邵瑞的"重托"走上了参评之路,经过从区到市,从市到省的层层考评,我还真评上了。消息传来,邵瑞兴奋地对我说:"何老师,恭喜,今晚我请您!"

"不,那应该是我请你们!"

这一天晚上,我叫上了几位十分要好的朋友,找了家附近的小饭馆,算是答谢。虽然大家知道我滴酒不沾,但出于贺喜,朋友们还是一个劲要我破例饮酒。在人情和酒精之间,我进退两难。见此,邵瑞站起来为我挡酒了:"这次何老师评上特级,我们喜不喜?"

"喜!"朋友们齐声喊。

"喜就干!"邵瑞带头一饮而尽。

邵瑞擅长喝酒,又善言辞,酒过三巡,酒劲更催辞情,他的话越说越多。有个在另一所学校担任校长的朋友"逼"着要我喝酒,邵瑞接过杯,替我一饮而尽:"荣誉给特级教师,这杯美酒,就让给我好了!"

那个朋友还要再劝,邵瑞一指酒店里的挂钟:"都十点了,'瞎婆睡觉天不亮'了,走了走了!"

一经提醒,大家都说时间不早了,明天还要上班呢!

聚会散去,我送走了所有的朋友,去吧台结账时,服务生一算账,递给我五十元钱,我问这是怎么回事。服务生告诉我:"刚才那个瘦瘦的小伙子,进店时压的钱!"

回到家,那位校长朋友打电话给我,说是邵瑞真是个好人,他后悔当初没招他进来。

我忙问怎么回事。他对我说:"邵瑞毕业前实习就在我们学校,也想留在我们的学校,我也答应过邵瑞。可后来,有领导打招呼,说是另一个新老师也想进他们的学校,请我能考虑考虑。就这样,我招了那个老师。不过邵瑞很大度,不记恨。这些年,经常为我们学校的文化建设出谋划策,有时候我想想都难为情。"

"哦,有这事。"我问了邵瑞。

他笑笑说:"我是'瞎眼小鸡天照应',遇上你这样的好校长!"

我想探探他的心,"那年他伤害了你,你真的不记?"

"真要记,我也不会常为他办事了。再说,人家也有难处么。"邵瑞嘿嘿一笑,清澈的双眼在镜后一眨,"俗话不是说'宁可种花不可种刺'么!"

好一个"宁可种花不可种刺"!这么精辟而富于意味的言语,居然出自邵瑞这么一个不爱读书的"俗人"。我开始怀疑"不读书不明理"纯属一孔之见。平心而论,邵瑞算不上是喜书之人,但就是这个不善读书的"俗人",每次总是以胜似读书的方式,将人情的真诚、友善、温暖及理解、豁达、包容,春风化雨式地沁入人心。

世事洞明皆学问,人情练达即文章。不是吗!

长大还唱《泥娃娃》

国民在县城一重点初中当语文老师,我真替当年这位孱弱的"泥娃娃"高兴。

国民爸爸在他还没上小学之前,因为一次意外事故,死在打工的异乡。消息传来,国民的母亲昏死过去好几次。

我与国民同村。国民在我班上读书,我特别留意他,时不时给他一些学习用品,瓜果糕点。

国民长得可爱,瓜子脸,大眼睛,高鼻梁,脸蛋红通通的,那时候,校园里正流行着一首叫《泥娃娃》的歌,我常常无端地将国民和可爱的"泥娃娃"联系起来。

国民读四年级时,有一次,我对国民说:"你喜欢唱歌不?"

国民点点头,他两只会说话的眼睛告诉我,非常想唱。

那时,我刚好买了一对音箱,配了一个话筒。这天放晚学,我把国民带到了我家。

第四章 有你真好

"想唱什么呢?"我问。

大概国民只是喜欢而已,他还没有一首自己唱熟的歌。许久,他只是傻傻地望着我。

望着国民可爱的娃娃脸,我说:"《泥娃娃》,会不会?"

国民点点头。

于是,我给国民一个话筒,音箱里发出了《泥娃娃》欢快的前奏。国民很有乐感,很会听音,顺着节奏,国民唱开了"泥娃娃,泥娃娃,一个泥娃娃……"

国民的童声清脆悦耳,十分动听,而且他的节奏感把握得特别好。一会儿,歌唱完了。我高兴地想去抱他。这时,我才发现,国民的眼睛里满是泪水。

"你不舒服吗?"我吃惊地问。

国民摇摇头,竟抽泣起来。

问了半天,原来国民是唱到《泥娃娃》里那句"他没有亲爱的爸爸"想到了自己的爸爸。这孩子真善感!我想了想,对国民说:"谁说你没有爸爸,你是有爸爸的,你爸爸就在另一个世界听你唱歌,看你长大。你高兴你爸爸在那里也高兴,你不高兴你爸爸在那里也不高兴呢!"

"真的!"到底是孩子,破涕为笑了。

后来,国民的《泥娃娃》成为班队活动课上的经典曲目。"泥娃娃"也成了大家对国民的爱称。

就这样,"泥娃娃"慢慢走出了幼年丧父的阴影,一天天变得坚强起来。小学五年级时,还写了一篇《给爸爸烧纸船》的作文,大意是他把一年来妈妈、妹妹和自己的生活、学习情况,写成一封信,又将信折成纸船(家乡有烧纸元宝的习俗),大年初一烧到爸爸的坟前。文章写得真实真情,送到省里评,获得了小学组二等奖。

后来,国民顺利地上了初中,毕业后,考入了师范。师范毕业时,国民告诉我他评上了优秀毕业生,原本只能做小学教师的他,居然被教育局"提拔"为初中教师。

虽然他教初中我教小学，但毕竟同为教师，又在同一县城，加上师生这么多年，共同话语还是很多，国民和我走得很近。

这一天，因为我要搞个教育调查，调查我几十年的童话教育到底在哪些方面给学生以一定的影响，我想请国民做个"样本"，我打电话约请他晚上来我家。

我还在吃晚饭，国民来了。我给他沏了茶。我发现，国民显得很疲倦，才傍晚六点，他居然连打哈欠。见我注意他，国民显得很不好意思，解释道："今天自己开车，去了普陀山。"

"普陀山是佛山。"我说，"去玩好像也不太有意思。"

"是的，但我是带我妈去的。"国民从口袋里拿出一串佛珠，很满足地说，"这串佛珠我是特意从普济寺求来的。"

我知道国民很爱他妈妈。

成家后，国民总想带着他妈妈多去外面走走看看，让她多享福，计划了很多地方，千岛湖、黄山、北京、厦门……但都没去成。

有一次，他母亲因眩晕，被送进了市人民医院急诊室。医生诊断为"脑梗"，并且说：这是家族遗传，到了一定年龄，容易发作，须小心照顾，长期休养。

国民为这事，曾经对我细细地说过：

"我妈住院的第二个晚上，迷迷糊糊中，她拉住我的手，说，国民，你也成家了，又当了老师，妈什么时候走都不担心了。如果这次能活下来，想到好的寺庙拜一拜，为你爸和自己，许个愿，烧炷香……还有，杭州的西湖我还没有去看过……

出院休养一段时间后，我请了两天假，特意带我妈去杭州大医院复查病情，同时，决定第二天带她去看西湖。可一到杭州，单位来电话：说是市里评先进，我是候选人之一，赶紧回来写演讲稿，要不取消评选资格了……"

"这么凑巧！"我替国民着急，"你去了没有？"

国民轻轻地摇了摇头，继续他的故事："接到电话，我确实有点纠结，但当我看到我妈憔悴的脸，我立刻作出了决定，不回！第二天，我就带了我妈逛西湖。我妈很兴奋,不断自语'西湖真好看'。于是,我给我妈拍了好多西湖风景照。那一次,我虽然失去了'先进',但我一点没有后悔。因为,我知道,我妈就是我的'先进'。"

讲到这里的时候,国民又摩挲了一下佛珠。我说:"这个'先进'好,我为你骄傲。"国民抬起头,笑了。他将佛珠递给我,让我看看。

我接过佛珠,莹润光滑,手感极佳,还有微微的馨香。"这串佛珠有故事吗?"

国民继续讲了下去——

"前段时间,我想着趁天气晴朗,带我妈去普陀山。但我们这儿离普陀有三百多公里路,需要换乘好几辆车,我想我妈妈的身体肯定吃不消;想自己开车去,但担心从没有开过这么远的路,要是路上出点状况,那就糟了。想了很多天,最后我想一切以我妈的身体为原则。就这样,我自己驾车上路了。

"为了让我妈能放心,我特意做了两件事。一是请去过普陀山的邻居,在我妈面前说'开车很方便很安全的'之类的话;二是让医生再一次检查我妈的身体,告诉她可以出行。

"去普陀山的一路还算顺畅,我们顺利上山朝拜。在普济禅寺,我妈磕头拜佛,口中不断念叨着什么。我凑过去跪拜,原来我妈重复的话竟是'保佑我儿子儿媳身体健康,保佑我孙女长命百岁,聪明智慧……'啊!原来我妈一直希望来寺庙拜佛,仍是为我求福。我忽然觉得,这几十年来,我妈就是我的佛。就这样,我就在寺里虔诚地求了这串佛珠,我要把我妈时刻记在心里。"

"何老师,告诉您一件很奇怪的事。"国民用充满了神秘的语气说,"昨天回来的半路上,忽然车子在高速上抛锚了,再也发动不了。我妈紧张得很,一个劲地说这下怎么办?这下怎么办?其实我比我妈更紧张,这高速上抛锚,真的是性命攸关。但我努力装作镇定,安慰我妈'我们不是拜观音了吗,菩萨会保佑我们的……'一会儿,我又试着点火,没想到,真的成功了。我想,一定是佛在保佑吧!"

国民抬头看我,忽然,他像想起什么,不好意思地说:"何老师,光顾着讲我和我妈的事。现在您吩咐,要我做什么?"

我笑着说:"你已经帮我做了。我本来想了解一下,我当年给你们讲了那么多的童话,到底对你们有什么影响。"

国民一听,惭愧地摇了摇头:"实在不好意思,何老师,虽然我从小听了您讲童话故事,唱童话歌曲,但我至今没有写一个好的童话来,有愧您的厚望。"

"不!"我有点激动,"听了你刚才的故事,我觉得你为你妈所做的一切,就是最好的童话。你想想,童话不就是带给大家温暖和感动吗?一般的童话只是写在书里,而你的童话已经暖到了你妈的心里。"

"这倒也是!"国民还是老样子,听不得当面表扬,脸有点微微发红,"何老师您总是像我小时候一样,鼓励我。"

"今天,我还想请你唱一首你小时候最拿手的歌呢!"

"《泥娃娃》?"

"是的,《泥娃娃》!"

《泥娃娃》的音乐响起,国民很精神地站了起来,跳了两跳,冲我自信地一笑:"泥娃娃,泥娃娃,一个泥娃娃,也有那眼睛也有那嘴巴,嘴巴不说话……"

国民的声音,经过岁月的处理,不再清丽婉转,而是深沉醇厚,真挚动人。不过,他的眼里,通过时光的追忆,依然泛着晶莹的光亮……

第四章 有你真好

老 黄

那是个星期天,我抱着一个新买来的花盆,匆匆回家。在一个拐弯口,手中的花盆与一个人迎面撞上了。

"哐啷"一声,花盆掉在地上,像一朵打碎的浪花,激起无数的水珠。那人打了个趔趄,幸好撑住了对面的墙壁,才没有跌倒。我吓得连忙去扶他。

这时,我才发现,他是一位六十多岁的老人,满头银发,佝偻着腰,脸上的皱纹,让人想起老唱片的密纹,还有刻录在里面的悲欢离合、酸甜苦辣。

他的身边停着一辆清扫车,一只手捏着扫把,额头上渗满了豆大的汗珠,像是刚沐过浴。这下可闯祸了。平日里听到的装死、碰瓷、敲竹杠等等词汇一下跳了出来。

我正要开口道歉,他一脸歉意地说:"师傅,我走得太急了。这花盆多少钱,我赔!"老人操着浓重的外地口音,惋惜地看着地上的"花盆雨"。

我舒了口气,暗自庆幸碰到一个不是太刁的外地人:"是我走得太慌了,你撞痛了没有?要不先去医院?"

老头根本没听我说,只是盯着地上的花盆:"这花盆要多少钱?"

"不值钱的,更不用您来赔。"

老人紧绷的脸一下就舒展了。他用衣袖擦去了脸上的汗水,一个劲地说:"谢谢,谢谢,你真是个好人。我们'挖地人',要靠你们多多照顾了。"老人的普通话不好,将"外地人"说成"挖地人"。

他的脸色土黄土黄的,真像个"挖地人"。

为解内心恐慌,当然也为表达我的歉意,我和老头聊了起来。这才知道他是我们小区的清洁工,昨天刚上的班。看他大把大把地扫着地,不像有伤痛的样子,我也放心地回了家。

不久后的一天,我倚窗而立,见他正在打扫落叶。他挥舞着大扫把卖力地扫着地,金黄的落叶映衬着他瘦弱的身影,显得执着而清寂,让我莫名地想起我过世的父亲。

我赶快整理了一堆旧书旧报,满满一纸箱,捧到门口。

见是我,他笑成一朵花:"何老师好,今天是星期天,你们休息哦。"嘿,他居然知道我姓何。

我把东西放到他的脚下:"这些报纸啊、纸箱啊什么的,我们家不要了,你可以收起来卖掉。"

他点点头说:"好!我卖掉后再给你钱。"

我知道他误会了,连忙说:"不是这个意思,我是让您去换点钱。这些废纸是我不要了的。"

老人迟疑了一下,连声说:"好的,好的,你就是照顾我这个'挖地人'。"

那以后,我经常把家里不用的陈年旧货,什么破桌断凳、包装盒子之类的东西,一次一次地送给他。他见到我也会主动打招呼。后来我留心地发现,我们家门前的那条道,经常被他打扫得一尘不染,我甚至觉得比家里的地面还干净。

一个冬天的早上,我打开院子门,准备去上班。看到他站在门外的寒风里,手里捧着一只红花盆,样式和上次撞破的那只十分相似。

见到我,灿烂地一笑:"何老师,这个花盆,给你的。"

刹那间,我心中涌起一股难以言说的感动。这么多天了,我这个"肇事者"早就忘了此事,而作为被害者的他不但不计较自己的伤痛,倒一直想着要赔我花盆。这真让我感到羞赧。

"你买来的?"我这个老师居然问出这样低水平的话,我后悔得真想咬舌。

老人一愣,说得很坚定:"我昨天从花鸟市场买的,三十五块钱。"

"三十五啊,太让你花钱了。"我真为老人心疼,"我说过不用赔的。再说,上次的事本来就是我自己不小心。"

"我是没赔。这花盆也是你自己买的。"老人见我疑惑,很神秘地凑近我说,"你送我的东西都很好卖,很值钱的,我都卖了好几十元。你说,这花盆还不就是你自己买的吗?"

我知道再推托太伤老人的心了,便顺从地收下了。

老人满足地看着我把花盆放进小院里,笑着对我说:"何老师,我今天要回老家去了,可能要过些时日再来。"

啊,回老家,太突然了。我这才意识到,我还不知道他是哪里人,甚至还没问过他叫什么名字。

老师最大的特长就是"知错能改",趁着老人就在面前,我赶快补上了这一课。

我这才知道,老人姓黄,是福建南平人。年轻时和老伴在老家一乡办砖窑厂干活,后来,老伴不慎被机器轧断了一条胳膊。为照看老伴,防止她轻生,他也辞了职。后来,他们生养了一个男孩,可那男孩体质不是太好,干不得重活。一家人就靠家里开的一家小店维持生计。为多挣些,他通过早些年在这里打工的堂弟,来到我们小区做清洁工。他说这小区的老板为人好,给他安排了一间小车库住。还给车库刷了白,屋里亮堂堂的,像天堂一样。每个月他还能拿到一千多块钱。

多么与世无争、知足常乐的老人!我真想告诉他,这些待遇,是小区老板最起码的用人报酬,你完全可以不必记在心上,甚至还可以提出更高的要求。可是面对老头一脸的平静和安详,我觉得自己的想法简直就是离间,甚至作乱。

"何老师,你对我这个'挖地人'太好了,太好了,我真不知道怎样谢谢你。"老人念叨着,眼里泛起亮光。

真是个好人。我忽然心生依恋:"你还回来吗?"

老人没有直接回答我:"是我老娘身体不好,她都九十岁了。我应该去照顾,去照顾!"

啊,原来老人家还有老母亲,他们家太困难了。我正想插几句,老人显得有点心急了,加快了语速:"何老师,你上班去吧。我也走了,我七点三刻的汽车。"

"七点三刻啊!"我一看表,"现在都七点了。"

我们住地离县城的长途汽车站约有十公里路,如果现在就在公交车上,要按时赶上那趟开往福建的长途车,也是很急的,何况老人还要先去镇上的公交站。我当然也知道,老人本来可以在七点三刻之前赶到长途汽车站的,如果不是为了等我。

"老黄。"我第一次这样称呼他,"我送您去车站。"我走到我的轿车旁,拉开了车门。

"这不可以,不可以的。"老人边说边向后退,那样子让我联想到小鸡面对老鹰。

"老黄,现在都七点多了,您都赶不上那班车了。"我真的像老鹰一样,一把拉住了他的手。

一听说赶不上班车了,老人慌了:"那我的车票,都一百二十块钱呢!"

"所以么,上车吧!"我下了命令。

老人犹豫了一下,从随身带的一只塑料袋子里,取出一块毛巾,将那毛巾垫在我的车垫子上,拍拍衣裤,再使劲地跺了跺脚,然后生怕弄疼汽车似的,慢慢地坐了进去。

我将老人送到了车站。一路上,老人不停地说着谢谢。还说,他从做人起,还从没有坐过这么好的车。这回他是小猪落了粪缸,叫花

第四章 有你真好

子进了饭堂。

老人走了,我像是少了一位要好的朋友,常常有意无意地说起他,想起他。其实也不光是我,我爱人也多次问我:"老黄什么时候回来?"

我后悔没有向老黄要个联系号码。

其实不光是我们家,小区的那些道道,肯定也想老黄了。老黄在时,他们就像有妈的孩子,一日多遍,由老黄给擦身洗脸;老黄走后,他们便成了没妈的野草,整天蓬头垢面,无人问津。

又是一个星期天,我拿起扫把,清扫起家门口的道路来。因为,小道上满是废纸垃圾,再这样下去,别人还误以为我住到垃圾管理所了。平常看老黄扫地,觉得蛮轻松。但自己一体验,还真不容易。一条才十几米长的路,扫了半个来小时,还没有清理完。我回家去喝了口水,准备接着干。刚走出家门,看到老黄背着一个蛇皮袋回来了。

"老黄!"我高兴得像中了大奖。

"何老师!"老黄的声音,像被音响放大过。显然,他也很高兴和我小别重逢。老黄卸下蛇皮袋,抢过我手里的扫把:"何老师,你看书去好了。这个活,我来做。"

"你母亲没事吧?"

"嗯,没事了,她好起来了。"老黄边扫地边说,"我老娘病好了,我又可以来这里享福了。"老黄的脸上挂着幸福。

中午时候,家里的门铃响了。是老黄,他手里提着一个小布袋。看到我,笑笑说:"何老师,这是我从家里给你带来的金银花。你们老师吃开口饭,说话多,泡点金银花茶喝喝,对喉咙有好处。"

我的眼睛有点发热。他又说:"你对我那么好,我都不知道给你点啥好。这是我自己摘的,很干净,不值钱,只是点心意。"

我像木头一样,机械地收下了老黄的礼物,也没请老黄走进我家来坐坐。等到老黄走后,我才蓦然觉得自己手里捧的,不是一袋金银花,那是老黄一颗沉甸甸的心。我似乎看到,老黄戴着斗笠,在猛烈的太阳底下,一朵一朵地为我挑花、摘花。

从那以后,我和老黄走得更近了,时不时去老黄住的车库串串门。从那以后,我们家"不要"的东西也越来越多。有"不要"的电饭锅,"不要"的电风扇,"不要"的电视机,当然,也有"不要"的被褥衣帽等。老黄每次拿着我的这些"废物",总是一个劲地说:"我这个'挖地人'交了好运,好运!"

老黄是闲不住的,他在小区的一块空地种上了各种蔬菜。从此,我们家长期吃上了老黄的新鲜蔬菜,有挺着身的芹菜,长着毛的冬瓜,挂着露珠的茄子……

这一年快到冬天的时候,我去外地出差。回家后,我爱人告诉我老黄大前天回福建老家了,临走时还特意来我家。老黄说,他家老母亲摔了一跤,可能不行了。还有他儿媳也快生了,家里劳动力不够,这次回去恐怕不会再回来了。他把我送他的"不要"了的电视、风扇等全都留在车库,说这么好的东西,他不可以拿走的……

"老黄还说,本来想等到你回家,当面向你道个别,但实在担心母亲,怕来不及送终。"

我怅然若失,好半天不作声。

就这样,老黄离开了我们。一晃三年了,我给老黄打过两次电话,一次没通,另一次是他儿子接的。他儿子告诉我,他奶奶在爸爸回家后不久就死了。他爸正去地里干活,问我有啥事,要不要过会儿打过去。我连忙说:"没事,没事。"

我忽然意识到我不应该再打电话了。老黄的生活就像一部黑白老电影,简单、安逸、从容、宁静。任何世俗地添加色彩,无疑是野蛮的打扰,粗暴的干涉。我最应该做的是,收藏起关于老黄的点点滴滴,以备份的姿态,存储在自己的记忆里,日后碰到躁动的日子,发霉的心情时,用"老黄印象"给自己解解烦,静静心。

第五章　亲爱的小孩

黄鳝黄了

我当老师时,还不满十六周岁。为增强权威性和"沧桑感",我向四年级孩子介绍自己时,给自己拔高了两岁——我,十八了! 正当青春年华,来镇住你们这帮小屁孩绰绰有余吧。其实我的心虚得像把灰,不捏也碎。

校长像吃饭似的,一日三次提醒我"一定要像老师,哪怕装!"说实话,我自己也觉得自己不像老师,哪怕装。下课后,我总会按捺不住阵阵冲动,和班上的孩子闹成一团。玩纸牌,挤人渣,射弹珠,特别是打陀螺,什么单打、双打、混打,几乎场场上阵。正因为如此,偶有被学生的陀螺鞭给抽的。有一次,我被我们班外号叫"野疯狗"(其真名叫连凤高)的孩子,一鞭抽出了一道血印,而且是脸颊上,像条不识趣的红蚯蚓,不讲道理地卧在脸中央,大破我的"门面",气得我关他晚学,以正视听。因为,我怀疑他在课堂上挨了我的批评,他在借"陀"发挥。况且,这个班的前班主任张老师去外地工作时,就语重心长地告诫我:"看住'野疯狗',这个孩子有点毒的。"

　　我了解过,连风高胆子大,点子多,动手能力强,什么上树捉鸟掏鸟窝,下河抓虾摸螃蟹,样样都会。特别是钓龙虾,他的龙虾棒简直就像装了磁铁,吸引着小龙虾,成串成群地跑到他的钓钩去"亲嘴"。他太有本领了,自然成了班上孩子的大王。

　　凡是称王的绝非一般之人。你看,都过半个时辰了,"野疯狗"就是死不承认,一口咬定纯属无意。还说,上次老师你不也抽着我?说完后还卷起了裤管。可不,"野疯狗"的小腿上,真卧着一条被抽打出来"火链蛇"。

　　我无言了。说实话,我也想不起"上次"是什么时候,也不知到底是否误抽过他。

　　难道我就这样轻信他,放了他?我想起了校长一再告诫的"一定要像老师,哪怕装!"的叮嘱,把脸板得像石块:"胡说,老师会打学生吗?"

　　"会呀,还扇巴掌——"

第五章 亲爱的小孩

"住嘴!"我努力提高声音,还拍了下桌子,以势压人嘛。

"罚吧!"连风高一扬脸,用不屑的口气说。"是三跪还是倒立?"

我一愣。

"罚三跪。"连风高说得有点大义凛然,"你报数吧,我下跪!"

"为什么要罚跪?"

"那就罚倒立。"

"不,我不是这个意思。"我一时找不到合适的词汇,显得语无伦次,"为什么要罚倒立。不,我是说为什么一定要罚跪、罚倒立?难道一定要处罚吗?"

"那是你们老师定的,我怎么知道。"

这孩子的眼睛亮亮的,像纯净的湖,长长的睫毛仿佛湖边的垂柳,斜斜地插在徐徐的轻风中。被这样的眼睛一扫视,我忽然觉得自己有点"以小人之心度君子之腹"的阴暗。是啊,既然你不故意,孩子为什么不可以无心?

心里的阴云散了,我笑道:"我就罚你——"我故意拖长了声音,但连风高做出了下跪的姿势,我一把拉住他,"我罚你——回家。"

连风高"扑哧"一声:"那算什么罚?"

"你不是说你不是存心的?"我拍了下他的肩膀,"再说,我也误伤过你,我们扯平了。"

连风高像在犹豫。我拉起他的手:"天快黑了,我们结个伴,回家!"

我们走在散发着菜花香的小道上。春天大半归顺夏天,只留下个要强的尾巴,顽强把持着晚春的大门。太阳像是饿坏了,早早地钻进云层找吃的去了。晚风吹来,像湿巾擦脸,凉飕飕的,特别清爽。几个贪玩的鸟儿,穿梭在渐渐变黄的麦田里,你躲我藏,借着幽幽的晚霞,玩着"官兵抓特务"的游戏。

"风高。"我握住了孩子的手,"听说你很会钓黄鳝,能带我去钓吗?"

"你刚才叫我名字了!"晚霞中,连风高眼里闪着别样的光泽。

"是的。"

连风高忽地挣脱了我的手,飞奔向前。真是条"野疯狗",一点礼节都没有,扶不起的刘阿斗。我在心里骂着。这时,我才领悟到张老师对他的评价,绝对不无道理。

几乎在骂他的同时,我的眼前浮现出连风高那双清澈明亮的眼睛。不对啊,这孩子不应该是那种"毒的",是不是我关他晚学,伤了他。我决定趁天还没完全暗下来,先去他家找他谈谈。可他家住村里的哪头呢?我迟疑着走向村子。

进了村口,夜色很浓了。本来就不怎么自信的小村,此时,更显得格外的萎靡,生怕弄出声音,引发别人的注意。"倏"的一声,像是野猫蹿过。

"谁?"我有点紧张。

一个黑影从前面那棵歪脖子老樟树背后闪了出来,是连风高。

"何老师,你看这是什么?"

连风高也不解释,将一尼龙袋东西递给我。

我看到袋子里是几条鲜活的黄鳝,每条约有斤把重:"是黄鳝,怎么啦?"

"可有人说是蛇!"

"这人也太没常识了。"

"可这人也是老师啊,而且是比你老的老师。"

"是谁啊?"我来了兴趣。

"不就是张老师。"连风高很有怨气地说,"我妈说,张老师因为书教得好,嫁了个军官老公。所以,现在调到城里去了。"

我隐隐觉得张老师和这孩子之间有点隔阂,但在孩子跟前,我不想作过多的解释。我搪塞道:"也许,张老师才看了一眼,没看清楚。"

"她连一眼也没看!"连风高一字一腔地说。

"那她怎么说是蛇?"我不禁脱口而出。

"就是!"连风高忽然又像疯狗一样,"啊——啊——"仰天大叫,仿佛要将黑夜叫破,赶走。

这孩子心里有阴影,我忽然同情起孩子来。待到他叫累了,声音叫哑了,我将手轻轻地搭在他的肩上:"风高,张老师可能是无意的。就像我认定你是存心抽我一鞭,其实我和张老师一样,都不是有意想伤害你。"

天一下就暗了——原来,月亮躲进了一块乌云里。

"何老师,我讲真话,白天那一鞭,我是存心抽你的!"

"啊?"我惊呆了。

没等我问,连风高回答道:"因为,我恨你们老师。"

"为什么?"我更震惊了。

在我的一再追问下,连风高终于对我说出了埋藏在他小小心里很深很久的往事。

其实,连风高是个十分热爱老师,也十分友爱同学的孩子。有一次,张老师布置每个孩子都做一个毽子,作为体育课的器材。说是要参加学校里开展的踢毽子比赛。可同学们都说不好找做毽子的鸡毛。虽然有的同学家养着鸡,也有点鸡毛,但都是要派用场的。他们妈妈要把鸡毛积攒起来,等货郎师傅拨着货郎鼓下乡时,用来换兑成火柴、发带、头油之类的日用品。为了给同学解决困难,连风高用他最擅长的本领,每天放学后去河里钓黄鳝、摸鱼虾。忙了一个星期,他用满满一桶黄鳝从货郎师傅那里换到了一大包上等的鸡毛,每人四根,送给班上的同学。

可这天,张老师回家,发现自己家的大公鸡,活生生地被人拔走了大半鸡毛。像个半秃子,缩在墙角,大口大口地喘着粗气。张老师开始怀疑此种恶事和连风高有关。第二天,她一个一个地检查班上同学的毽子,果真发现毽子上的鸡毛和她家的公鸡毛一致,甚至连她在大公鸡上做着记号的绿漆都还在。气得张老师当场扭住连风高,"啪"地给了他一记耳光:"太恶毒了。你不是连风高,简直就是野疯狗!"

"这么说,你这绰号还是张老师取的。"我插话。

连风高"嗯"了一声,继续讲下去:"最气的是,我们班长黄一芳,

她从城里转来的,说是没见过黄鳝。有一次放晚学,我钓到了两条大黄鳝,刚巧黄一芳走过了,我就递上黄鳝想告诉她这就是。可黄一芳胆子也太小了,以为是蛇,吓得大哭起来。张老师也刚好路过这里,问怎么回事。黄一芳说是蛇。我说不是的,是黄鳝。我将黄鳝给张老师,请她证明。可张老师连眼也不睁,骂道,你狗心里做不出人事。一把将我手里的黄鳝打落在地。后来,三狗告诉我,黄一芳是张老师的侄女。"

"这以后,你就不相信老师了?"

"是的,老师就是狗屁!"连风高补充说,"要不是我妈要打我,我才不上学呢!"

"你以为所有的老师都是张老师?"我有点委屈地说。

"除了你。"连风高主动捏了下我的手,"要不,我也不会对你说这些了。"

我双眼一热,幸好有夜色掩护。

"何老师,"连风高把手袋里的黄鳝塞到我的手里,"这袋黄鳝送您,很补的。"没等我回答,他又像狗一样,轻快地蹿进村子里。

这以后好多天,连风高像换了个人似的,上课特别认真。我也调查了其他几位老师,都说"疯狗"不疯了。

这一天,连风高从教室外跑了进来,将一封信交到我手里。说是校长要他转交的。

信封的落款是中国人民解放军某部,我有点好奇,哪位部队首长会给一个代课教师写信,我小心翼翼地打开了信封,原来是张老师写给我的——

"何老师,写这封信我犹豫了很久。最后,我还是决定写,要不我的良心过不去。

前两天,我在这里,碰到了一位走南闯北的货郎师傅。闲聊中,他说起了浙江的黄鳝,一个劲地赞美浙江黄鳝口味地道。我问他在浙江哪里吃的。他告诉我当年在浙江上虞一个乡村,有个孩子,用一桶黄鳝换他一包鸡毛,说是去做鸡毛毽子。他说,那孩子特别仗义,爱帮人。他说学校要开展踢毽子比赛,可同学们没鸡毛做毽子。他答应同学给每人四根漂亮的公鸡毛,便向他要200根鸡毛。可他的摊子里也没那么多鸡毛。刚巧,他借住的那户人家隔壁,养着一只大公鸡。这天,他拔了那大公鸡的毛,从那孩子手里换了满满一桶黄鳝,不但让他大饱口福,还卖了好几块钱。不过从此以后,他就不敢再去那里了,怕被人知道后,挨揍!

我赶快问是浙江哪里,那个孩子长相还记得吗?天啊,你猜他说的是谁,就是我们班,现在应该是你们班的连风高。我想起了这事,那年我为这事打过那孩子。因为,那只大公鸡是我家的。我怀疑是连风高拔了我家公鸡的毛,他从小就捣蛋的。现在看来,我真冤枉孩子了,而且是天大的冤枉。请你无论如何先代我向那孩子道个歉。我正准备买点书什么的,给孩子寄去。可能孩子对我记仇太深,请你无论如何要帮我做些解释。我想来想去,觉得你是最合适的人选……"

不知什么时候,我手中的信已经在连风高的手里了。我看到,他的大眼睛,像是倾倒了一个湖,正汩汩地溢着晶莹、明亮的清泉。

我也鼻子一酸,双眼发热。"一定要像老师,哪怕装!"我想起了校长先生的叮咛,赶快起身离开教室。教室外,天正下着小雨。我走进轻柔的雨幕里。忽然,一团红云飘来,雨停了。我抬起头,原来是连风高正踮着脚,为我撑着一把大红的伞。

"何老师,你哭了!"

"没有啊。"我擦去了不争气的泪水。

"你的泪水还在我的手上呢!"

"哦——"我抬起头,笑道,"不可能的,是雨水吧!"

"雨水是热的吗?"

"会啊,太阳雨就是热的。"我接过了连风高手中的伞,瞥了下一脸迟疑的他,"你的红伞一撑,下的就是太阳雨了。"

"是吗?"

"不说这些了。我问你,黄鳝什么时候最多?"我赶快转移了话题。

"再等等。"连风高自信地一仰脸,"得到麦子全熟的时候,黄鳝最多。那时的黄鳝长得最壮,最成熟!"

"你怎么看出来的?"

"黄鳝黄了呗!"连风高的口吻,让人联想到坐观草船借箭的诸葛亮。

哦,麦子熟了,黄鳝黄了。

"萝卜"回来了

江南的雪不常下,何况是看漫卷的飘雪。

大雪绝对堪称雕塑家。才一会儿工夫,校园里的花花草草,就让白雪勾画出一个个有趣的造型:这边是公鸡在打鸣,那边是小狗看大门,稍远点,一群顽皮的小猴躲藏在打坐的佛像后……

这天,恰好是我们"小鲤鱼文学社"的活动日。才吃过中饭,48条"小鲤鱼"早早地"游"到了学校,堆雪人,打雪仗。那种兴奋、那种快乐,让本来就爱出风头的白雪,下得更加理直气壮,当仁不让。

如果说童话带给孩子的是快乐,那么,此时的校园不就是一个美丽的童话嘛!

我真不忍心把孩子们从白雪丛中拽出来,但必须把他们集合到教室来。今天,我这位童话指导老师的心中,藏着一个比看雪更大的喜讯。而这个喜讯只有通过与孩子分享,才能产生核弹爆炸般的意义。我从讲义夹中取出一张报纸,高高一扬,大声说:"告诉大家一个好消息,咱们'小鲤鱼文学社'的李静静同学的童话《会飞的小白兔》

发表在浙江《少年儿童故事报》上了,而且还是头版头篇哩!"

"真的?"

"啊!"

"太棒了!"

教室里尖叫声,喝彩声,几乎把屋顶给掀了!

我发现,那个叫李静静的女生,她的眼里泛着泪花。

李静静是个很瘦弱的小女孩。她原本跟着在上海承包工程的爸爸,在那里某所小学读书。去年因为她妈妈想家之切,学期中途通过在教育局担任某科长的舅舅的关系,转到我校读四年级。这孩子学习一般,但十分喜欢看书,尤其喜欢读童话故事。学校建立"小鲤鱼文学社",她报了名。她的语文老师说,李静静上课老爱走神,尤其在作文课堂上,有时她会傻傻地盯着黑板,表面上在听老师讲课,其实什么也没听进去。叫到她回答问题,半天才会反应过来。

这一点,我与她的语文老师意见相左。我认为,她在课堂上绝对专心听讲,我提出的每个问题,她都想争着回答。我常常见她小脸发红,小眼大睁,小手高举,我感觉她是为童话而生的。

李静静同学发表的这篇《会飞的小白兔》,是我第一堂童话课后的习作。那天,我就觉得她的这篇童话写得有点与众不同,别的孩子故事编得直白了点,或者说不够耐看。而她的故事,是这样讲的:小白兔本来就存一番热心,利用自己会飞的本能,摘来了星星送给一直生活在黑暗中的小老鼠。可小老鼠恰恰利用小白兔的善心,变着法子,三次从小白兔手上骗取小星星,再高价出卖给别人。小白兔知道后,毅然揭穿了小老鼠的诡计,使小老鼠的丑恶行径暴露无遗。整个故事情节曲折,故事味浓,想象奇特,语言也很风趣,能够发表也在情理之中。

于是,我趁热打铁,对沉浸在喜悦中的孩子们说:"李静静的童话发表,说明我们'小鲤鱼文学社'的写作水平棒棒的,只要大家坚持下去,我们每个同学的童话都能发表。现在,请大家往窗外看,你们看到彩色的雪花了吗?"后面的这句话显然是我将话题转向了本节童话课的指导。学生一下还没有反应过来,他们看到窗外确实在下雪,可这雪不是彩色的啊!我笑着引导:如果天爷爷真下了这彩色的雪,你们想象一下,小动物们又会利用这雪去做些什么?

到底是学童话的孩子,经这一提醒,他们恍然大悟。一个月后,有两位小社员的同题童话《彩雪沙啦啦》发表在湖南的《小溪流》杂志上。

就在收到《小溪流》,享受被溪流抚慰的清爽与温柔的时候,市教育局行风办的电话响了:"有学生在写信告你。说你在课堂上鼓励他们胡思乱想,瞎编乱造。这样教下来,他们的作文水平,整个语文成绩都下降了。"行风办领导还补充说,"这些孩子本来就不是你班上的学生,你将他们组织起来,剥夺了他们学习其他学科的权利,他们讨厌你!"那领导最后说,问题还有好多,叫我反思一下,一个月内写出整改报告。

我晕了。窗外又下雪了。

江南的雪要么不下,一下就是一场连一场。那天的雪是连着昨天的。不过昨天是零星小雪,可这会下大了,仿佛天上所有大大小小的云絮全被撕成片儿,丢到我们学校里。一会儿,校园里大大小小的道路全让白雪给抹了。就在这时,我接到教育局紧急通知:"立即联系学生家长,立即放学!"

散场比集合容易得多,特别是事关生死的撤离。才半个多小时,学校就安静了下来。学生走了,老师也走了。我平生第一次听到下雪声,原来下雪也是有声音的。"簌簌","簌簌",有点急促,还有点哀怨,仿佛他们是极不情愿被天公抛了下来。

就在这时,电话响了。是李静静打来的:"何老师,明天我们童话课不上了吗?"

她这一问,倒提醒我明天又是周六,是我们"小鲤鱼文学社"上课的日子。我说:"我没说啊,谁说不上的?"

"你听,何老师他没说不上。"电话那头传来李静静有点责怪的声音。

"静静,你在跟谁说话。"我问。

"我妈,她说明天童话课肯定不上了。"

"哦,你妈怎么说不上呢?"我觉得有点奇怪。

电话那头沉默了一会,静静有点不高兴地说:"我妈说是雪大,就不送我过来上童话课。我想这不是真正的原因——"

我竖起耳朵,想听这位有主见、有个性的女孩分析"真正的原因",可电话里是一个委婉、客气的声音:"何老师,我是李静静妈妈。静静这两天身体不大好,下雪天天太冷,明天童话课我们家静静就请假了……"电话那头,传来静静响亮的反抗声,"你撒谎,我没病,我要上童话课去——"

电话断了。很显然,是静静妈妈挂的。

我走出办公室,雪小多了,差不多停止了。虽然已近傍晚,但白雪的光亮,还是将整个天空照得十分明亮,甚至比白天更亮。我听出来了,李静静妈妈强烈反对她女儿参加"小鲤鱼文学社"。

就在这时,我想起一件事,大约已有个把月了。那一天在学校门口,我碰到静静妈妈。

她主动对我说:"你就是何校长啊,我听我们家静静说,你教他们这帮孩子写童话很有方法,既有趣,又有效果。我家静静能参加您这个文学社,真得三生有幸啊!静静说,何老师教作文,是一步一步来的,先教童话再教考试作文。"静静妈妈很会说话,尽管用了"三生有幸"这种听起来让人浑身竖毛的夸张,但我还是听出了她话中之话,那就是学写童话是幌子,其真正的目的是让她女儿学写考试作文。

我笑笑说:"谢谢静静妈妈,我也没您说得那么好。"我想了想问,"不过我想问您,让静静写童话不好吗?"

"好也是好的,但童话毕竟不用考试。我表哥也说了,考重点初中都是要写考试作文的。"静静妈妈急急地说下去,"上重点初中差一分就是一万块钱,作文是最能提分的,当然也是最容易失分的。"静静妈妈说得实在,让人无法挑剔。

我本来想好一大串诸如童话对接儿童天性,童话释放儿童生命活力,童话开启儿童智慧,童话触发儿童想象,等等,但面对静静妈妈如此实打实的回答,我觉得要在校门口这样一个开放式的大空间说动她,无异于让鸭子打鸣,让公鸡游水。

我"嗯嗯"地敷衍着,逃似的躲开了静静妈妈。

第二天,雪后的天空,艳阳高照,蓝得如洗。我们"小鲤鱼文学社"照常活动,但作为社长的李静静没来。我说她病了。但边上有位和李静静是邻居的男孩,气呼呼地说:"她装的,中午我还看到她和她妈妈上街去了。"

男孩这么一说,有人立即说撤了李静静的社长,我们"小鲤鱼文学社"又不是她想来就来,想走就走的。我强压着不快,向孩子们劝说着童话是善良的,我们要像童话一样学会宽容别人。

两节课后,孩子们回家了。往常我总是利用这段空隙,修改文学社孩子刚刚写完的童话习作。可这一天,我无论怎样,思想都不能集中到修改当中。耳边不时回响着教育局行风办的电话,李静静妈妈柔软的声音,还有李静静声嘶力竭的反抗声。

真没想到,我带孩子们写童话,而且牺牲自己的休息日,不但不收分文,还赔纸赔笔,课后又要修改,又要打印,又要帮助投寄,这般大量的付出,换来的竟是作出书面反思的结果。我为自己的"犯贱"而摇头,为自己的"作孽"而苦笑。

就在这时,楼梯口传来了急促的脚步声。"这么晚了,哪个学生忘带了东西?"我拉开了办公室门。

是李静静。她红着小脸,气喘吁吁地奔向我。

"静静,你这是怎么回事?都这么晚了。"我赶快扶住了她。

静静大口大口地吐着粗气,好半天,总算平静了下来。她用大大的眼睛望着我:"何老师,你有没有哭啊?"

"没哭啊!"我被问得一头雾水,但还是十分真诚地回答她。

"你真勇敢!"静静警觉地望了望四周,那模样,像极了电影里的小交通员给部队送情报,"何老师,我告诉你,我妈给教育局写信告你去了。"

我一怔:"唔,你是怎么知道的?"

"我妈刚才电话中对我爸说的。"静静说得一本正经,"我听到的,她说前两天就写信告你,说你不教学生好好写作文,害得学生考试成绩直线下降。她简直就是瞎说,上次我没考好试,还不是她叫我背了一个晚上的作文,我人都困死了,考试时就睡着了,又不是写童话造成的。她还对我爸说,教育局肯定要对你处理了,说不定会撤你职,让你走人。何老师,您不会走吧!"

静静的话,像是巨石,压得我有点透不过气来。望着天真的静静,特别是她眼里噙着的泪花,我忽然又觉得如同置身于一个清澈的大湖旁,那样的纯净、安宁,赏心悦目。

"不会的,即使调走,我也会回来。你还记得我给你们讲过一个童话,说小白兔把萝卜送给小猴,小猴又把它送给小熊——"

"是的,我知道,这个故事叫《萝卜回来了》。"静静笑了。我也笑了:"是啊,萝卜还会回来,何况老师长了腿呢!"

我和静静都笑了。

毕竟是孩子,她说完了,就甜甜地跟我说再见。还说,下星期,她一定要来上课,她说最想上的就是我的童话课。我和她拉了钩,约定下次课上,我再给她们讲一个我写的童话。

可是我也和静静一样天真了。下周一,静静没来学校读书。班主任老师去她家访问,她家大门紧锁着。打静静妈妈的电话也不接。这是怎么回事。后来问了村干部,村里的干部说:"李静静和她妈妈去上海了,她不再到金近小学读书了。"

静静的班主任觉得十分奇怪,再过一个星期就要大考了,一向重视孩子读书的静静妈妈怎么会在这个时候让她再转学?可是我觉得并不奇怪,当然我这话不能对她说,我也不想在这个时候对学校任何一个老师说,我怕影响了大家对童话写作的信心。我向教育局写了"反思",当然更多地说明了为什么开展童话写作的理由。

李静静走了,我的"反思"交了,我反而变得淡定起来。周六的

第五章 亲爱的小孩

"小鲤鱼文学社",我照样教孩子们编童话,乐得孩子们一个劲地缠着我:"再上一节课!就一节!"

我从容地等待着教育局的宣判,甚至撤职、调离。

那天,是学校期末考试,我还真接到了教育局的电话。不过,不是领导打来的,是李静静妈妈的表哥——某位科长。他在电话中对我说了无数次抱歉,怪他没有劝住他表妹,让静静好好地转了学。我说都转了,也好的,换个环境对人的成长也有好处。

科长在电话那头,有点不好意思地说:"静静这次在上海学校里考试,语文考了个全班第一。那语文老师说,这孩子写的想象作文令人叫绝,说只有经过专门训练的人,才能写出这样的童话作文。他们班上其他孩子根本写不出来。我表妹开始后悔转了学。静静又哭着闹着要到你这里上学。我表妹知道自己理亏,再也没有脸面对你来说,所以只好请我来说个情,让静静下个学期能继续到你这里上学。实在过意不去,请你多多包涵,包涵!"

就这样,李静静又来到了我们学校。

那天是新学期开学第一天,除了李静静,还有静静妈妈、爸爸还有她奶奶,全家抱团来到了我办公室。我知道,静静家爷爷过世了,如果能叫醒他,我相信她妈妈一定也会让他一起过来的。

静静妈妈显得心情沉重,她几乎是从进门到出门,话讲得最少,头低得最低的一个。只讲了一句话,而且声音很轻:"何校长,我对不起您!"

这么一个口若悬河的语言家,今天才讲了这么一句,但足够了,因为是发自内心的。

"哪里,我可以理解您。"我笑道,"其实您和我们老师一样,都希望孩子好。"

静静叫着"何老师",仿佛打了个胜仗似的,不无自豪地望着我笑。那笑,绝对是无声推开来的花瓣,一层一层,夺目,亮丽。我轻轻地拍着她的肩膀,笑道:"静静,萝卜——"

"回来了!"静静跳起来喊道。

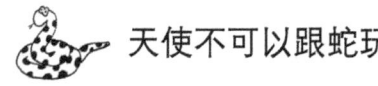

天使不可以跟蛇玩

这个学期，我教四(3)班《童话》课，每周一节。

做老师，不管口头上多么夸赞童心为本、个性至上，比如像我，但骨子底里，都希望自己教的孩子争气、听话、有礼貌、学习好。这不像有些作家，一味捧高"无法无天"的孩子——他可以"坐"着写字不腰疼，真招一批"疯疯癫癫"的"皮皮们"给他，看他还捧？有人说，老师爱规范学生，永远是不变的真理。要是运道不好，碰到一个根本不把你放在眼里的"淘气宝"，恐怕像吞了一只活苍蝇，是极不舒服的。

我就属于那种吞苍蝇的倒霉蛋！

那天，是我第一次接触四(3)班的孩子们。上课铃一响，我走进了教室。也许是第一次见面，孩子们早早地坐在教室里，安静地等候我。我刚要喊上课的口令，发现最后排有个瘦瘦的孩子，手里拿着一根小棍子，旁若无人地挥舞着，还做着各种怪异的动作。我以为他没发现我，咳了两声。谁知他看了我一眼，居然大喊一声"芝麻开门"，惹得所有孩子都笑的笑、叫的叫，教室里像是突然打翻了一笼鸟。而那个孩子对此毫不关心，甚至连眼睛也不斜视其他同学，竟旋转起身子，做着更为滑稽的动作，仿佛这世界就他一个，或者他就是这个世界。

我想当场夺了他的棍，但为了维护自己的形象，再说也是初次见面，强压住了已经冲到头顶的火。

"上课了！"我提高嗓门喊。

教室里倒是安静了下来，但那孩子瞥了我一眼，丝毫没有停止"搞怪"的意思。我气得想吐血。

"他又'进去'了。"有个女生见我还不理解"进去"的意思，指着那孩子，"他是呆子！"

"谁说他是呆子，他是顶顶聪明的阿里巴巴。"那个"搞怪"的男生纠正着女生。

第五章　亲爱的小孩

　　我这才注意起这个孩子来。大头细脖子,像是小摊上卖的手工小面人。长得挺清秀的,尤其是那一双眼睛,让我想起小时候家门口的清水潭,不仅清澈,还漾着一些细细的碎碎的涟漪。这究竟是一个什么样的孩子呢?

　　下课后,我向他的班主任潘老师说起这事。从潘老师那里,我知道这孩子叫丁一通,虽然长得挺文静秀气,但脑子有点问题,是遗传了他妈妈。丁一通的爸爸是个孤儿,家里穷,四十多岁才娶上媳妇,是个外地人,长得挺漂亮的,不过脑子也不是太好使,但比丁一通要好些。总体上,丁一通是遗传了她妈妈——大概也属于"青出于蓝胜于蓝"那种。

　　"不过说实话,他演阿里巴巴,还真投入!"我对潘老师说。

　　"是的,是的。"班主任毕竟是班主任,了解得比较全,"他很有表演的天赋,演什么就像什么,特别放得开,可脑子实在简单,'进去'

时,半天也记不住一句台词,说得天一脚地一脚的。"

又是"进去",我终于明白:"进去"是针对丁一通的专用词汇,意思是丁一通沉浸在自己的世界里,此时,周围世界形同虚无。"那么他有'出来'吗?"我半开玩笑地问。

"也有'出来'的,有时候他说话很正常,而且比我们正常人都聪明。"潘老师认真地回答。

从潘老师那里,我还了解到,丁一通的课堂捣乱,可能还事出有因:他们四(3)班共41个孩子。因为学校要搞童话节,潘老师和班委一商量,就决定演个童话剧《阿里巴巴和四十大盗》。但孩子们都想做阿里巴巴,不愿做四十个大盗。想想看,大盗本来就是坏人,再加上集体批发式的,全是群众演员,当然不愿意做了。大家都憋着劲,默默地练习着阿里巴巴的动作台词,争取有朝一日成为"阿里巴巴"。当然,大家的"功课"做在课余饭后,玩业余的,但丁一通却把这事当成了"专业"。

听潘老师一说,我开始留意起丁一通来。

又轮到童话课了。因为我的办公室离四(3)班有点距离,中间隔着一个小花园,我提前十分钟前去候课了。

我来到四(3)班教室的那幢楼下,由于是下课,楼对面小花园里聚集着一大群孩子,仿佛那里正在上演一场精彩的马戏。我也凑了上去。

原来是灌木底下有条红色的毛线围巾,半新的。

"谁的?"我问。

"丁一通的。"有人说。

"为什么不捡起来?"

"他要送蛇。"张亮亮说。

"送谁?"我有点奇怪。

"送蛇。"张亮亮回答。

"送蛇,谁说的?"我更好奇了。

"还有谁,呆子丁一通。"

第五章 亲爱的小孩

"张亮亮,不可以这么叫。"我有点不高兴。

我拨开人群,发现丁一通蹲在灌木丛边,眼睛一眨不眨地盯着那条红色的围巾,仿佛在等着一只鸟儿起飞。

我拉起丁一通,问他怎么回事。丁一通说,灌木丛底下有个洞,洞里有条蛇,是他的好朋友。天冷了,他要把妈妈给他织的围巾送它。

多么善良的孩子。我的心为之一震。

就在这时,上课铃响了。我赶快催大家进教室,可丁一通就像没听见似的,还是赖在地上不起来。我蹲了下去,摸着丁一通的头,亲切地说:"丁一通,蛇在午睡呢。再说你看着他,他会不好意思收礼的。我们先上课去吧,下课后我们再来,说不定,蛇就把礼物拿走了。"

"真的?"丁一通的那两潭清泉泛起浪花,像是被小石子激起的。

"真的!"

丁一通弹直了身体,拉起我,用神秘的口吻说:"别吵,我们走吧!"不容我分说,拖着我就走,仿佛我赖在这里会偷了他的礼物。

课上到一半,我忽然想到了丁一通的那块围巾,想下课后如何向那双眼睛"兑现"。我临时想到了一个对策,让孩子们静静地坐着看书,我去图书馆给大家借几本故事书。为保持课堂纪律,我还特别强调:不守纪律的不给!

我匆匆来到那丛灌木边,代蛇接受了丁一通的围巾,又赶快跑到图书馆,把围巾一放,从图书管理员那里,借来了一包童话书。

才离开了不到十分钟,当我再来教室时,发现教室里比开联欢会还热闹:有将桌凳当马骑的,有爬上桌子做模特的,有站到讲台玩相扑的……气得我差点晕倒。一查,居然还有四个男生不在教室里。

当我差人把他们几个叫回来询问,他们都说在"上厕所"。多高明的回答——连犯人都要给解内急的时间,何况他们是祖国的花朵。我只有暗暗地"逃慢气"。

"何老师,教室里好像有臭气。"班长王妮真是带头,连教室里的臭气也带头发现。

被她这么一说,我们还真闻到了一股臊味。教室难道有死老鼠?

"何老师,丁一通小便了!"随着响亮的叫喊,丁一通的同桌陆路路捂着鼻子,像被蜂蜇了,从座位上跳了起来。

是丁一通尿了,他的裤裆部位"画"着湿漉漉的版图。而丁一通,就像一尊菩萨,连眼也不眨一下,只是怔怔地坐在位置上,像正为苍生默默地祈祷,虔诚,专注。

"丁一通,你怎么啦?"我问得很轻,生怕打扰了他。

"尿了。"丁一通好像也有点不好意思,说得也很轻。

"那你为什么不去厕所?"陆路路一脸不高兴。

"老师说下课才去,上课不可以的。"丁一通一脸认真,说这话像背口诀。

丁一通是天使,甚至比天使还纯洁,我的心悸动了一下。

"不去厕所,就尿在这里臭我们,你这个呆——"

我冲着陆路路大咳一声,他被"咳"吓了。我轻轻地摸着丁一通的脑袋,一时语塞。是的,对天使怎样说话,我也很不自信。想了一会儿,我响亮地对大家说:"丁一通是天使。天使有时候跟我们不一样的!"

丁一通似乎也知道我在表扬他,笑得更灿烂。下课后,我将丁一通带到办公室,从舞蹈室借来了一条裤子,替他换上。

放学后,孩子们排着长队放学回家。我也有事提前离校,看到丁一通落在队伍后面,舞着小棍,念念有词。刚出校门,看到了有个女人,背有点驼,头发半白了,正朝大门口眺望着。尽管我是第一次见到这女人,我猜想她应该是丁一通的妈妈。不看别的,只要一看那双清泉一样的眼睛,我就猜得八九不离十了。可不,丁一通看到那女人,高兴地跳了起来,随即张开双臂,向那女人冲了过去。

那女人看到丁一通,她很吃力地弯下腰,张开双臂,搂住迎面跑来的丁一通。这时,丁一通也发现了我,指着我说:"妈妈,这是我们何老师,他说我是天使!"

听了丁一通的话,那女人忽然神情严肃,盯着丁一通的舞蹈裤子,脸上堆满歉意:"何老师好。丁一通拉屎了,真不好意思!"

她肯定不懂什么是天使。我走近他们母子,摸了摸丁一通的脑袋说:"丁一通妈妈,丁一通在学校里表现很好,很好的!"

丁一通仰着脸,听我说他听话,开心地笑了:"妈妈,老师说我很好呢!"

丁一通的妈妈也笑了,和丁一通的笑一样,纯粹、彻底,是那种发自内心的。

从那一天起,我对丁一通的印象更深了。而丁一通也对我亲近了许多。每回看到我,丁一通甜甜地喊我一声,那两眼"清泉"里流淌着的全是信任和爱戴。

再过一星期,我们学校一年一度的童话节就要开始了。四(3)班正在紧锣密鼓地排练童话剧《阿里巴巴和四十大盗》。班主任潘老师希望我协助她,在童话课上进行训练。为满足每个孩子都参与竞选主角阿里巴巴,我在每节童话课里,抽签产生十个阿里巴巴候选人,请他们当场表演,然后我和其他孩子一起当评委。每节课上产生阿里巴巴冠军人选,最后进行总决赛。为利用草地、树木等环境资源,我将课堂搬到了室外。

都说五月有个冬,元月有个夏,这话还真不假。虽然日历已近元旦,但这两天气温连续超过25度,可谓是冬天里的夏季了。学校东操场的草地上,正午的太阳像舞台上的追光灯,热辣辣地追着我们,烤得我口干舌燥,我顾不得斯文了,一屁股坐在草地上,用两只空手使劲给自己扇风。

突然觉得背后很凉快,转头一看,只见丁一通紧闭着嘴唇,用一顶当道具用的阿里巴巴的小帽子,很努力地替我扇风,而他自己的鼻尖、额头上满是汗珠,像刚从水里浸过似的。

我眼睛一热,感觉有股热流在涌动。我假装抬头看天,努力不让眼泪流出来。

这天放晚学后,我正在办公室里改作业。听见楼下有人在喊:

"蛇咬人了!"紧接着便是急促的脚步声。

我一惊,赶快冲出办公室。原来是丁一通被蛇咬了。从陆路路嘴里,我明白事情是这样的:童话剧排演结束后,丁一通大概想起给蛇送围巾的事,就在灌木丛周围走来走去,看蛇是不是围着自己的围巾。这大冬天本来不会有蛇的,蛇都冬眠了,谁知这两天天热,还真有一条蛇躺在灌木丛底下晒太阳,丁一通一见,高兴地趴在地上,和蛇说起话来。

"这时候,潘老师叫我去找丁一通。"陆路路说,"我刚跑到那,听到丁一通在问蛇喜不喜欢围巾什么的,后来就伸出手去抓它,那蛇就咬了丁一通一口。丁一通大叫一声,这时,蛇就溜走了。"

"后来潘老师来了。潘老师和教体育的李老师,把丁一通送医院去了。"陆路路说起来还显得心有余悸,脸上挂着恐惧。

听完陆路路的话,我不断地拷问自己:对于丁一通这样一个特殊的孩子,我当时替他将围巾送蛇的"童话"是不是要编?编的是不是有价值?既然编了,是不是缺少必要的跟踪和反馈?我甚至觉得是自己在某些环节的纰漏,才造成了丁一通被蛇所咬。

我怀着沉重而愧疚的心情来到了医院。丁一通正在吊盐水,右手上缠着纱布,看到我,丁一通很高兴地大喊:"何老师好!"

他的喊声,照亮了我布满阴霾的心。我向医院了解情况。医生说,问题不大,咬他的不是毒蛇,是菜花蛇。冬天的蛇没劲,咬得也不深,表层的。吊几瓶盐水消消炎,隔天再换换纱布就没事了。

"何老师,蛇收了我的围巾,为什么还要咬我?"丁一通满脸疑惑。

是应该问我,因为是我告诉他蛇会收他的围巾。在丁一通的世界里,蛇是听任我这个伟大的老师指挥和管教的。

"因为——因为,你是天使。"望着丁一通一脸的不解,我搜刮了一下词句,笑着补充道,"蛇想把你吃了,他来做天使。"

"我这么大,它的肚子又装不下的。"丁一通又"进去"了。

"就是,下次你不跟他玩了。"我也"半进半出"。

"嗯,天使不可以跟蛇玩的。"丁一通笑得很开心,他很喜欢我送他的"天使"。

"对,天使不玩蛇!"

丁一通用力点了点头。突然他晃了一下扎着纱布的右手,着急地说:"何老师,下节课我还能当阿里巴巴吗?"丁一通"出来"了。

我想起来了,刚才童话课上,已经抽签产生下节课十位表演阿里巴巴的同学,丁一通就是其中之一。

"当然能当啊!阿巴里里扎着纱布,那才像和四十大盗打过仗。"我想了想,又加了一句,"而且是胜仗。你看,我们都来祝贺你!"

丁一通一听,"咯咯咯"地笑出声来。那声音就像正怒放着的花朵,一层连着一层,一簇接着一簇,那样旺盛,那样生机盎然……

我也笑了,为丁一通的善良、单纯、宽宏、轻信……

向"童话"致敬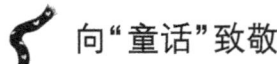

在我们浙江绍兴,18年是一个很值得纪念的日子。象征着青春,象征着成熟。18年的花开花落,寒来暑往,当年的小女儿戴上了红盖头,昔日的小男孩摇起了乌篷船。于是酒为他们而饮——"女儿红"黄酒,闻名遐迩;歌为他们而唱——《九九女儿红》,传遍神州。

18年前,在我们学校提出开展童话教育之初,为检测我们的教育效果,学校曾向120位学生承诺过:18年后,不管你在哪儿读书、工作,学校一定去看你。

许诺是方便的,践诺可就不那么容易了。18年到了,但教育之内教育之外的任务之多之杂,压得学校很难调动更多的老师抽出成块的时间,用来逐一走访120名曾经的"小鲤鱼"(我们学校的形象大使,金近童话《小鲤鱼跳龙门》中的小鲤鱼)。失信是注定了,但为了不至于失情,还为了保留一丁点儿残剩的"信义",学校最后决定给每位学生寄去一张"一梦童话18年——金近小学96届学生情况调查表"。几天之后,反馈表雪片似的寄回了学校。

作为校长,我像收获着蕴藏着大奖的奖券一样,迫不及待且乐此不疲地阅读着昔日孩子的来信,倾听着他们的心跳,感受着他们溢于言表的喜悦。我注意到在我们设计的"从事工种"一栏中:有报告在名牌大学读研的,有介绍自己在公务员岗位服务人民的,也有讲述手握钢枪保家卫国的……但不知为什么,在自我评定"成功指数"一栏中,我始终将关注的目光投向填写"一般"或者"普通"的学生。我以为,那里是生活最真实的田园,社会最稳固的码头。何况,我们从没有想过通过童话教育,一定要让学校和孩子走得多远,飞得多高。

在我们的调查表中,除了一些诸如学历、从事工作、成功指数等基本的信息外,还辟出了三分之二的篇幅,要求被调查的学生写一个自己经历过的"美德故事"。这可以说是我们整个调查的核心,也是我们开展童话教育的当初的意义,今天的追求。学生多,故事多,生动的也多,有的甚至是感动。而感动一旦转化为力量,我就无法抗拒了。我终于下了决心,丢掉手头工作,圈定了其中三位,以学校的名义走近他们,聆听他们。

再做"小红帽"

任丽,镇上一家民营幼儿园的老师。我来到了这所很不起眼的幼儿园。见是我,任丽显得很惊讶,也很腼腆。我告诉了来意,说是想听听她和病孩的故事。这一说,她的脸更红了,一个劲地说,校长你别当真,我是想不出自己做了什么值得记忆的"美德故事",为了避免缺交作业,才拿这事应付的。我坚持说,我今天就是专程来批改这"作业"的。另外再次重申,像当年读书时一样,不要叫我校长,叫我老师。见我当真,任丽一边笑着说"好的好的,老师",一边把我请进了办公室,像是回忆,又像是追思,表情十分凝重,讲起了下面的这个故事。

那一天,去年秋季开学后第二个星期的周二,放晚学的时候,一个女人,披头散发的,闯进了幼儿园。我正要问,她一把抓住了我的手,用浓重的贵州口音说,老师,你有红帽子吗?我被她的神情举止,吓了一下。我想,我今天碰上一个疯女人了。我开始留心看她的手上有没有刀子,如果有的话,我得赶快喊救兵,幼儿园被刺的事可常有听说的。还好,她手上没有刀。她见我迟疑着,"嗵"地一声跪倒在我的跟前,哭着说:"老师,我女儿患了白血病,要红帽子,她……她5岁,她快死了……"

她说得语无伦次。但她的眼睛,她的行为,她的语言,她的失魂落魄,已经十分清楚地告诉我,她有一个5岁的女儿,快要死了。孩子可能要一顶红帽子,作为母亲她想要满足孩子最后的心愿。我的心被抽得紧紧的:这个可怜的外地女人,那个可怜的外地孩子。可是,到哪儿去找红帽子去。我忽然想到了学校舞蹈室演出用的小红帽,我拔腿就往舞蹈室跑。等我取来帽子,那女人一下从地上弹起来,死死地拉住我的手,用近乎乞求的语气对我说:"老师,我孩子要老师给她戴红帽子,您行行好,跟我去我家一趟!"

我的手被女人握得生疼。我知道,面对一个急疯了的母亲,我今天,去也得去,不去也得去。一路上,我们跑过了好几条巷,跨过好几道沟,终于,蹿进了一间低矮的小平屋。女人的孩子正由女人的男人半抱着,坐在床上。女人一进门就喊:"囡囡,红帽子,老师!"

小女孩子瘦得只剩骨,白得已像纸,母亲一喊,她微微地睁了一下眼:"老师,小红帽!"

女人连忙说,我给你找来了老师,老师给你戴红帽子。女人一边说,一边将红帽子塞到我手上。

小女孩用力摇着头,声音更微弱了:"老师,小红帽……"

我有点明白小女孩的意思了,我问女人,你孩子上过幼儿园吗?她说孩子在别的地方上过一个星期的幼儿园,后来就病了,再没去了。这下，我知道我的猜测完全对了。于是，我对孩子说："因因,我给讲小红帽的故事,好吗？"

小女孩一下睁大眼睛。啊,那是一双会说话的眼睛,一双我一生从没见过的漂亮眼睛,睫毛长长的,眼睛大大的,只是没有光。那无光的眼睛告诉我,孩子要的不是红帽子,而是她一直记着幼儿园里老师讲过的《小红帽》的故事。这是一个多么善良,多么可爱,多么令人心疼的小女孩啊！

我含着泪,调动我所有讲故事的能力,绘声绘色地讲开了："在一个神秘的森林里,有一个非常非常可爱的小女孩,她叫小红帽。有一天——"

小女孩听得好认真啊,她分明已经和故事中的小女孩一起走在郊外的田野上了,看到了美丽的苹果树,闻到了喷香的苹果花……为了制造逼真的效果,我还将带去的小红帽戴在头上,边讲边演,边演边唱,比参加我们幼儿老师才艺展示还卖力百倍地表演着。孩子好无力啊！一会儿睁开眼,一会儿又闭一下眼,但孩子合着故事情节而变化的表情告诉我,故事讲到孩子心里去了,讲到孩子残剩的生命里去了。听完了故事,孩子竟说："我要和小红帽睡觉！"

讲到这里,任丽停住了,不好意思地对我一笑："老师,你猜后来我怎样了？"

"你做了小红帽,和孩子睡了！"我几乎不假思索,因为我相信泡过童话的任丽。

是的,不但我,还有孩子的母亲。我们都睡在一张床上。孩子是导演,我演小红帽,她妈妈做外婆,他爸爸自然是大灰狼。这时候,我都忘了自己家里的儿子还等着我回家做饭呢。

就这样,这一个晚上,在我们的"演出"中,我们送走了孩子。

这件事,我也一直没有对任何人说,这次,要不是因为学校要求调查,要是我真做过引以为荣的美事、好事,我恐怕不会搬出这种小事,草草应付的。老师您说,在当时的情况下,换了谁不都一样会这么做吗？何况我们在小学里,读了那么多很暖心的童话。那年学校搞首届童话节,我还真演过"小红帽"。18年后,我无非又做了一回"小红帽"而已。

任丽仿佛是在说别人的故事,不激动,更不夸张。就像童话一样,单纯、朴素。我能说什么呢,只是轻轻地向她点头。

"狼心也是软的"

"我记得那是一节童话课,老师说,坏人也不是什么都坏,狼心也有软的时候。"面前这位胖小伙,长着一对精明而慈善的眼睛,他是镇上"某某川味馆"的老板,姓金,也是我们学校96届的毕业生。见是老师去看他,他一遍又一遍地用纸巾擦着已经很干净的手,把我拉到他的接待室,端上了热气腾腾的茶。

我说明了来意,想听听他再讲讲写在调查表上的故事。

他好像变得很警觉,站起身来,还探身向门外望了一会,轻轻地关了门。于是,有了下面的故事——

三年前的一个冬夜。我送走饭店里最后一拨客人,正想关门,来了一个黑黑瘦瘦的青年,背着一个双肩包,大约十七八岁的样子,好像是学生,又像是个打工的。他一进门,用带四川口音的普通话要一份"毛血旺"。说实在的,我们这店刚开张的时候做的是海鲜生意,我从没有做过川菜。但既然他已经点了这菜,我只能按着自己的理解,在锅汤里,放上豆芽,放点牛肚,再放点猪血,然后放上辣椒胡乱地煮上一锅。

中途,为了找配料,我又从厨房里出来过一次,看见小伙没有在大厅,站在吧台前看挂在墙上的营业执照。

小伙要了一大碗米饭,就着这盆四不像的"毛血旺",狼吞虎咽地吃起来。店里只他一人,为活跃点气氛,我搭讪道:"你是哪里人,在哪里工作?"小伙说是四川的,在附近读中学,晚自修刚散。我发现小伙子吃饭时一直背着书包,便说这年头读书真苦,你吃饭还背着书包,说完,我伸手帮他去卸书包。他却一下子从座位上跳了起来,说不用,我习惯这样背着书包吃饭。我觉得这中学生有点特别。

中学生可能太饿了,就这么一锅很不像样的"毛血旺"被他三下五除二地倒进了肚里。到付钱时,中学生说刚才走急了,钱忘在学校桌子里了。我说没事的,只是30块钱,那中学就在附近,下次方便时给就行。

第二天,也是差不多的时间。他又来了。还是昨天那样的蓬头垢面,还是背着双肩包,还是"毛血旺"加米饭,而且还是和昨天说得一样,钱忘带了。不过这次,他提出能否以10次为单位一次性付给,说是父母回老家办事去了,要一个星期后才能回家。他将一张附近某某中学的学生证作为"信物",押给了我。从学生证上,我知道他叫黄石。

我看着他不无稚气的脸,想想一个外地中学生在陌生的地方生活得不易,同意了。

于是,每天大约晚自修结束前后,他会准时来到我店上,我也准时端上我早就煮好的"毛血旺",有时,我还给他递上一瓶热牛奶。

"你就这么相信他吗?"我打断了小金的叙述。

"其实,我早就知道他不是个学生。"小金往我的水杯里添了添水,继续讲下去。

第三天我有意碰他的书包,觉得很沉,好像里面装铁器什么的。当天他走后,我调看了店里的监控器,发现在我进厨房烧菜的时候,小伙子就在四下找东西。我怀疑他想偷什么东西。只是一时下不了手。我也去过附近中学,那里根本没有一个叫黄石的学生,更不用说每天都在上晚自修。

"那你为什么还要同意他每晚光顾?"

"我相信狼的心也是软的。"小金一笑,故事继续。

十天后的一个晚上,那个叫黄石的小伙,给了我一个纯色很正宗的戒指。说是他老妈回来了,但手头没钱,只有这个戒指值点钱,就充当这么多天来他在我店里的消费。我一直以为他是想到我这里吃白食的,没想到他还真那么信守承诺。那晚,我打算为他多烧几个菜,但小伙子却说,不了,他是今天来向我结个账,道个别的,明天他就要回四川老家去了。他低下头不好意思地说:"老板,我骗了你,我不是中学生。"

我说我早就知道了。

他显得很惊讶,也很激动:"那你怎么还肯每天给我'毛血旺'?"

我说:"我小时候,有个教童话的老师讲过,狼心也是软的。"一出口,我觉得说得太不恰当。

他呆呆地望着我。许久,他像下了决心似的,将一直背着的书包,放在吧台上,说了句"老板,我是狗!",转身消失在夜幕中。我打开书包,一看,里面装的全是刀子、锤子、榔头……

"后来,就是你在调查表中填写的,那个小伙子给你的戒指是你小姨子的结婚戒指。"我说。

小金说,"老师,你还真的都看过我写的'美德故事'了。"他笑了笑,又给我的杯里添了添水,简单地将故事结了尾:

第二天,我小姨子来店里,说是昨天抓了一个小偷,很可恶,大前天偷走了她的戒指,今天又来偷电瓶车,幸好这次他们家有防备了,将小偷当场抓住,扭送到派出所。可惜那小偷的戒指早就被卖掉了。我说我这里有个戒指。她一看,说就是她的,还找到了她做的三角形记号。于是,我将事情的经过一五一十地对她讲了。为了争取小姨站到我这一边,我特别强调:"狼心也有软的。"

就这样,我和小姨子去了派出所。小姨子说不好意思,戒指是自己藏过了头,现在找到了。

那个叫黄石的小伙子,当即向我和小姨子下了跪。

一年以后,小黄又来到了我店上。这一次,他精神多了,气色也很好。一进店,他很阳光地说:"老板,我回老家考了厨师证。你只要给我每天三顿饭,解决一张床,我免费给您做正宗的川菜。"说完,他将一本厨师证递给了我。

就这样,我的店里多了一道川菜。后来,因为我们这里对外招商工作做得好,外来流动人员特别多,川菜生意特别走俏,也特别好做。小黄做川菜又利索又拿手,我们店成了方圆十里川菜做得最有名的小店,全镇上人都知道我这里做的川菜最地道,最美味。

"所以你连店名都叫川味馆了。"

"对的,对的,嘿嘿!"

小金站起身来,又往外探了探身子说:"小黄现在正忙,过会儿您和他讲几句话,怎样?"

我说,我都被你感动得没话可说了,真的。你不是在做菜,在开店,你简直就在做教育,不但教好人做好人,还能教不好的人也成为好人。

邂 逅

小范,我校90届毕业生,曾经是"小鲤鱼文学社"社员,发表过好几篇童话故事。小范从小死了父亲,是他母亲一手拉扯大的。初中毕业后,他瞒着母亲,一个人去了一家建筑工地打工,最后成为这家企业的副总。最近他义无反顾回到家乡,担任了村党总支书记。

"听说你的婚姻很像童话?"我坐在小范略显拥挤的办公室,直截了当地问。

小范爱脸红,那神情,一如当年在"小鲤鱼文学社"得了表扬。不过,到底成年了,而且还做上了一村之书记,一会儿,他就很平静地讲起了自己的"美丽的童话"——

老师您是知道的,我父亲那年车祸时,我才七岁,是我母亲,还有长我三岁的姐带大的。我初中毕业后,下定决心不再读书,我要赚钱,让母亲和姐姐不再添累操心。那年暑假,我瞒着母亲和姐姐,一个人去上海,在一家建筑企业找到了活。

那一年快过年时,我赚到了五千元钱,我好高兴啊!有了这些钱,我可以给我姐买一辆去地里干活的三轮车,给我母亲买一台彩色

电视机,还有,我想陪母亲去一趟医院,好好治一治她多年的哮喘。

第二天,是腊月二十八,我挤进了回家过年的车站里,挤进了穿梭的人流中。买好了车票,看看距离上车的时间还早,便找个空位,从旅行包里取出一盒方便面。刚想去热水桶倒点开水,忽然过来一个人。

"小弟弟,请救救我母亲!"一个很有质地的男声,声音不高,似乎怕惊动周围的人。

我抬起头,一个比我大点的小伙子,剃着光头,脸很白皙,两只大眼睛,让人想到家乡过年时面对屠刀的黄牛。

"你母亲?"我将方便面重新放回旅行包里。

"我母亲得了血癌,正在医院救治。"也许我的表情让他放松了拘谨,他在我面前半蹲下来,用更轻的声音说,"我家在四川大山里,父母辛辛苦苦供我读书,让我念上了大学。本想待我毕业后,好好报答父母。可谁知,我母亲患上了血癌,治疗费花去了十几万,家里该卖的都卖了。求求小弟弟能否给点钱。"

我的眼前浮现出我母亲佝偻的身影,我的心猛然一疼。都说天下的母亲都是一样,其实天下的儿子也是一样的。我把手伸进了旅行包,从装着五千元的大信封里,抽出五张百元纸币给了他。

"光头"拿着我给的钱,显得很激动,哆嗦着嘴唇一个劲地说:"小弟弟真是好人!"停了一会儿,他问:"小弟弟今年几岁了?"

"过年就十九了。"

"你也十九岁。"他的眼里掠过亮色。

"怎么,和你同龄吗?"

"光头"犹豫了一下:"哦,是的。"

"光头"长得真老相,山里人真的辛苦。我心里想。

"光头"把钱放进口袋,有点不好意思地说:"看小弟弟是个热心人,能留个电话吗?将来我母亲病好了,特向你道谢!"

"不用不用,但愿你母亲早日健康。"

"光头"的眼睛里掠过一道奇异的光:"小弟弟真是佛心,请一定留个号码。"

我见"光头"也不像坏人,而且他的孝心着实令我感动,便将自己的号码报给了他。"光头"很认真地将号码写到随身带的笔记本上。

就在这时,来了一个穿制服的保安。一见到"光头",保安的脸上堆起了怒色:"你这个人,怎么又干这事了。年纪轻轻的,好意思吗?"

我一听,觉得不对头。那"光头"正想解释,但被保安一个劲地往前推。起初他还想赖着,但几步之后,便像熄火后又点火的拖拉机似的,摇摇晃晃地往前走。

一会儿,保安来到我身边,问:"你有没有给他钱?"

"给了。他是——"

"每天这个时候来的,对人说是母亲病了。"保安很不高兴地说,"母亲病得那么重,为什么不在医院陪着。不过,他这种骗局,现在也不太灵了,没有人会上当了。除非——"

我的脸一下子发热了,我估计保安"除非"后面的就是"傻子"两个字。我想起小时候读过的童话《小红帽》,觉得自己单纯得比小红帽还……

这保安绝对有才,他吐出口的竟然是"菩萨"!

我当然不是菩萨,更知道保安是为了不让我后悔得去跳楼,但钱已给了人家,权当作买个教训。不过,凭直觉,我还是不太相信"光头"是个骗子。

后来,我回到了家,过年走亲戚什么的,事一多,也把这事忘了。我也从来没对任何人讲过这事,仿佛这是我在外星球上的一次邂逅,不值得与地球人分享。

大约半年以后,有个四川姑娘打电话给我。说是她哥让她打电话的。姑娘在电话中说着说着就哭了:"我哥前天去世了。他临终前一再叮嘱我,要代他向你解释。他确实骗了你,那钱不是给母亲的,而是给我的。"

我被姑娘说得晕头转向。我请她慢慢说,到底是怎么一回事。

后来,我终于听明白了。"光头"就是姑娘的哥哥。她们很小的

时候,父母死在山体滑坡中,她们就靠亲戚养大的,兄妹感情特别好。"光头"一向读书成绩很好,后来靠亲戚资助,又贷了款上了大学。可半年前,他在大学里查出了自己患了白血病,但他一直瞒着他妹妹。他知道自己活不长了,要设法为给妹妹筹点钱。就这样,他忍辱蒙羞到车站、码头去向人要钱。一个年轻小伙去要钱,别人是不相信的。他只能推说母亲有病,以换取别人同情,但事实上还是得不到别人相信。他认定我是他遇到的最善良、最有同情心的人。

"哥哥除了让我向您解释这一切,还说……"

说到这里,姑娘好像有所顾忌,沉默了。

我的心隐隐作痛,眼前又浮现出小伙有点腼腆的脸,还有那双极易让人产生同情的眼。怪不得他被保安推着走时,有点腿脚不稳,原来他快走到生命的终点了。多么善良、尽职的小伙!

"你哥还说什么呢?"我问。

"还说你告诉过我哥,你和我同龄,今年都十九了。"

我听了,觉得自己的脸一阵发热。他怎么连这个也告诉了他妹子。

"哦,太感动了。你们就这样对上号了!"我插话道。

小范,不,应该称范书记,点点头:"我们就这样相识了。后来,她到上海打工,我们一直保持着联系。再后来,我们就结婚了。"

整理访问记录的时候,三个被访的学生,一再强调不要写他们的真姓真名,因为他们不愿意声张,更不愿意他们的故事有可能伤着别人。他们还一再说,他们的生活实在太普通太平常了,根本不值得老师您去写。

我尊重他们,就像尊重童话。

的确,他们太一般,太普通了。但我要说,正因为有他(她)们这样的"一般"或"普通",才有满天的星辉闪闪,才有满地的芳草葱葱。平凡和朴素,淡泊和自然,是教育最初的源头,是人生最终的故居。这一刻,我更坚信:童话,对于人的一生,启迪是真的,温暖是真的,感召是真的,滋养是真的,信任是真的……

　　我不知人类什么时候有了童话,但这并不妨碍我用童话的名义向"童话"致敬。

第六章 收藏阳光

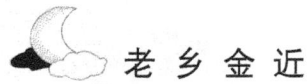 老乡金近

命运是风,让你永远无法捉摸,更别奢望追踪。比如,有些一辈子与你相处的人,心里却遥远得如同生活在两个星球,永不相逢;而有些从不相处,甚至从未相见之人,只凭神交,仅靠意会,却像石头上刻下的字,铁板上烙出的画,从不忘记,永不磨灭。

金近,三十年前,我第一次听到这个名字的时候,无论如何也想象不到,这个普通的名字,竟成为我生命里石头上的字,铁板上的画。

那是1983年11月3日,我在家乡小学代课。这一天课间休息,陈校长把一本书放在我的办公桌上,笑道:"大作家,知道《小猫钓鱼》作者是哪里人吗?"

我从小喜欢看戏,听故事,识字后,酷爱读书,看戏文,算是个文艺青年,空时也写点小文章,发表在我们县里的报刊上,老师们戏称我"大作家"。虽然我读过《小猫钓鱼》,也教过二年级语文课本里的这篇童话,甚至能将整个故事背下来,可是还真不知道这个故事是谁写的,更不知作者是哪里人氏。

我瞥了一眼,陈校长放在桌子上的是一本《小朋友》杂志。

陈校长显然看出我答不上来,友好地一笑说:"杂志第13页里有介绍,这个人还是我们前庄村人。"

啊?《小猫钓鱼》的作者是我们家乡前庄村人!我迫不及待地将杂志翻到了第13页。没错,在这页的右下角,清清楚楚地写着《小猫钓鱼》的作者:金近,我国著名儿童文学家,1915年出生在浙江省绍兴市上虞区四埠乡前庄村。

我仿佛不相信自己的眼睛,又好像怀疑杂志有假,合起来翻过去地将这一排文字读了几遍。一点没错,白纸黑字,金近就是我们前庄村人,可是这么有名的作家,怎么可能是我们这个穷乡村的人?我知道我们家乡金姓是大姓,那么这个叫金近的大作家又和谁家是亲戚?他的父母是谁?

冥冥之中,我与金近有缘。

我带着"十万个为什么"回到了家,向出生于1909年的父亲打听金近之事。父亲很肯定地说:"这个叫金近的,是高先生家的儿子,叫大阿毛,听人说起过,好像大阿毛是在北京,会写文章,很出山(家乡方言,有出息的意思)。"

"他爸姓高,可儿子怎么会姓金呢?"我不解。

"这个我也不知道了,他们一家早就搬离了前庄村。"父亲的回答真是令我失望。

想起来也难为了父亲。一来父亲从没读过一天书,见识不广;二来在那兵荒马乱的岁月里,人人自危,能让自己活下来就十分不易了,谁还会有闲心在乎别人姓高姓金。何况,父亲补充说,人家早在五六十年前举家搬迁了。那时,父亲也未成人。

但父亲的一句话,鼓励了我去打破砂锅的决心:"这个叫金近的有没有地脚(家乡方言,地址的意思),有的话,你写封信去问问就知道了。"

地址倒是没有,但父亲的"解题"思路,无疑给了我寻访的线索。通过一段时间的寻访,我终于在陈校长的帮助下,在他教高中的亲戚

那里,知道了金近先生是北京团中央《儿童文学》杂志的主编,那位老师还将抄有《儿童文学》编辑部地址的一张小纸条捎给了我,让我兴奋得连夜给金近写信。

现在看来,那是封极为可笑的信。与其说是信,还不如说是习题汇总。除了一开头的自我介绍外,接下来是四道问答题:一问金近老师您是不是前庄村人,如果是,记得村里哪些人,哪些地方?这样问,好像我是派出所负责户籍管理的;二问您的父亲是不是高先生,大阿毛是不是您的小名?如果是,那您后来为什么姓金。依然要查清人家的户籍,大有查不清就不给人家上户口之意;三问您在北京,有没有重回家乡的想法?这回充当了统战部的角色:想不想回家,纯属个人行为,人家根本没有必要向你报告;四问我也喜欢写故事,可就是写不生动,能否帮助指导。严格意义上说,还是最后这个问题提得不像出考题,稍稍讲点礼节。

说实话,那时,我还真没有完全相信金近就是家乡人,甚至从心底里怀疑家乡真能"出产"如此名人。

第二天,当我把给金近写信的事对陈校长和其他老师说了后,办公室里笑翻了天。有的老师捂着肚子笑话我天真得近似于白痴,人家在京城做上了大作家,凭什么接受你的"审查",有位老师不无讽刺地接话:"癞蛤蟆能吃天鹅肉嘛!"

被老师们一说,我羞得无地自容,脸烫得可以煮水。我后悔自己做事冲动,冒失,不但写了,而且还把信投进了邮筒。

后来几天,我在心底里暗暗感激老师们淡忘了此事,不再拿我做笑柄。大约一个星期后,我正在校门口值下午班,邮差交给了我一个牛皮信封。我一看,寄信人的地址是一行印刷好的红色楷体:中国少年儿童出版社,后面用蓝色墨水署着"金近"两字。

啊!难道真是金近给我来信。我的心激动得跳到了嗓子里,整个身子轻得就要飘起来。我冲进了办公室,像中了大奖似的,扬着手里的信:"金近给我回信了,回信了!"

办公室里的老师以为我中了邪,纷纷起身,用异样的目光看着我。一向敏感的我,此时就像一个进了角色的演员,完全不管别人的感受,大声地念起信来:"夏寿老师:您好,来信收到。我是金近。你父亲说的没错,我小名叫大阿毛……先父叫金文高,识得几个字,常为乡亲写封信写个条什么的,村里人常尊他为高先生……"

我读得响亮,读得旁若无人。

在这封长达两千多字的回信里,金近不但十分具体地回答了我的"提问",而且也扩充了好多他对家乡的记忆,让我确信他是彻头彻尾的家乡人。他说:"小时候我跟父亲到海里去捉黄泥螺。这黄泥螺可以鲜吃,也可以腌着吃,那种口味,真的称得上是人间美味。虽然我身居遥远的北方,偶尔见到商场有黄泥螺出售,我都会毫不犹豫地买来吃。我吃着家乡的味道,思念着遥远的家乡。夏寿老师,感谢您为家乡孩子教书,我向您深表敬意!如果您有创作上的需要,尽管向我提出,我一定尽力而为。"

我读着读着,眼睛模糊了,眼泪像跟我玩捉迷藏似的,遮挡了我的双眼。信中的每一个字,犹如一个个热情的火球,把我烘照得全身发热,我觉得自己就要燃烧了。

陈校长走过来,从我这个被幸福击昏了的人手里,拿走了信稿。他理智而谨慎地看完信后,哈哈大笑:"你真是个大作家,连地址都没写,就给金近寄信了。"

是吗?我从陈校长手里取回了信。果真,金近先生在信的最后说,"也许您工作太忙,您给我的来信中忘了写上寄信人地址。这对我来说没什么,我是永远记得家乡是浙江省绍兴市上虞区前庄村的,但如果你以后给人家投稿,请检查有否写上自己的地址,否则人家就找不到您了。当然,这是小事,顺便提一下。夏寿老师,请接受我对您的感谢,感谢您在我的家乡教书育人!"

我为自己的冒失而羞愧,更为金近先生对家乡的深情而感动。那天晚上,我无论如何也睡不着,半夜起来开窗,望着宁静的星空,我似乎看到一个清清瘦瘦的老人,正伫立在北京的书房里,遥望着南方的夜空,叨念着"抬头望明月"。我甚至望见了那位老人深情而期盼的目光,饱经风霜但依旧明亮。

自那以后,我和金近先生开始了不间断的书信往来。我对先生的感情也从崇拜慢慢变成迷信。

我感谢迷信,因为迷信让我阅读了金近先生寄给我的一批又一批儿童文学作品。大都是他的作品,也有他朋友的著作,诸如张天翼的,严文井的,陈伯吹的,等等,每个名字,都会在中国儿童文学界这面大锣上,敲击出震耳欲聋的响声。那段时间,我真的感觉四季没有夏秋冬,日子天天都是春。这些阅读,为我日后开始童话教育奠定了较为坚实的基础。

读多了书,好像见多了风景,往往容易对所见所闻,发表一些自己的看法。善于发表自己的意见,这固然是一种良好的品质,但把握不好,过于直接,不加任何掩饰的表达,近似于无知,我常常会在夜深人静的时候,深深自责,让自己也不能原谅自己。

那是1986年春,我们前庄村小学新盖了一排两层的校舍,还新建了个校门。那时候,学校也换了新校长。新校长说,学校的校门要搞得有文化一点,有教育意味一些,很希望能请金近先生为我们题个词。他知道我和金近先生长期书信往来,让我写信去跟老人家说一说,还说他征求了乡领导的意见,如果金近先生同意题写,可以付给一定的酬金。

能请金近先生为自己的学校题词,一想到日后天天能看到金近先生题写的校门,这是一件多么美好的事情,我立刻给金近先生写信求题。金近先生很快复信了。首先是祝贺学校盖了新楼,为表示自己的心意,他说通过邮局给学校寄去了一包图书,请我收到后转交给学校图书室,让孩子们阅读。还希望学校能在校园种些树,净化空气,对孩子身体有好处。最后说到题词的事,他说自己从小写不好毛笔字,允许他练练后,过段时间完成"作业"。至于酬金,哪有自己向自己家收取礼金的规矩,这个"创新"要不得。老作家说得幽默风趣,让我联想到夏天夜晚,生产队晒场上讲述着呆乱潮事(民间故事)的老大爷。

大约过了半个月的样子，我收到了金近先生寄给我的挂号信。信封很大，里面装的是三幅大小不等的条幅，上面写着大小不同的"前庄完小"四个字，还有金近先生的签名。

我和校长及学校老师，如获至宝，看了一遍又一遍。说实话，金近先生的毛笔字确实一般，但清秀庄重，干净利落，像是微风中挺立的劲草，工整不失活泼，三幅字都适合做小学校门的题额。可美中不足的是，三幅题词中，"前庄完小"的"庄"字，都多加了一点，成了不折不扣的错字。尽管校长说，在做校门时，我们可以通过技术处理，把这个"庄"字改过来，但我还是把情况如实告诉了金近先生，并且多余地说，如果不改，孩子们肯定会说"金近爷爷写字也这么粗心"。

当我把去信指出金近先生写错字的事说给校长听后。校长十分严肃地说："你真是的！这下完了，金近先生怕是再也不会跟学校有任何往来了。"

但没过多少天，我意外地收到了金近先生寄给我的挂号信。打开一看，是一张书写无误的"前庄完小"宣纸，还给我附上一封简短但令我终生难忘的信："何老师，我非常感谢您帮我修正了一个错字。我这个'庄'字的写法，是过去我们前庄村人的写法，现在看来完全是个错字。作为一名小学老师，一定要教给孩子正确的文字。从您的来信中，我完全相信您是一个十分严谨负责的老师。家乡的孩子会有您这样的老师而受益的，我为家乡有您这样的老师而自豪。"信的落款是：粗心的金近。

读着来信，我感动得差点落泪。

自此以后，我和金近先生的通信更趋频繁了。在金近先生的指导下，我还学写了几个童话，一个接一个地寄给了他。他一篇一篇地帮我修改，虽然一篇也没有发表出来，但还是让我学到了一些关于童话写作的要领。金近先生来信中，时常提及孩子们读书做人的事，向我打听一些村子里的变化，特别询问他儿时一些伙伴的近况，我除了调查走访作答，也几次邀请金近先生来家乡看看。

有一次，那是1989年，金近先生在信中对我说，人越老越思乡，今年夏天,他想回家乡看看。我把情况告诉了校长,校长发出书信邀请,金近先生复信表示一定过去。校长把情况告诉了乡政府领导,乡政府领导也发出了邀请。

五月十九日,一位在北京和金近先生一起工作的作家谷斯涌先生,在乡政府领导的陪同下,来到了我们前庄完小。他主动找到了我,对我说:"何老师,这一次我回故乡上虞,我们单位主编金近先生一定要我来见见您。"

"哦,金近先生说是今年也要回家乡的。"

"是的,本来我们两人说好的,一起来。"谷斯涌先生很沉重地说,"可是,上个月,他不幸得了脑溢血,幸亏送得及时,才保住了命,现在连生活还要别人料理……"

谷斯涌先生的话越说越轻,我的心变得越来越沉,我感到自己整个身子像被谁使了魔法似的,不会动,动不了,好半天,不说一句话,不变一个坐姿。

"金老师现在怎样了?"我终于恢复了常态。

"还好,正在慢慢地好起来。"谷斯涌先生对我笑笑,平静地说:"昨天,我还去了金近先生的家,他还让我看一大堆他练写'前庄完小'的废旧宣纸,还对我讲了您帮他改错字的故事。他说,给孩子们写文字,如同给孩子做糕点,安全是第一位,其次才是样子。写了错字给孩子,那是不安全的,要误人子弟的。他说:'我差不多就要制造文字毒品了,幸好何老师替我把关。'他一再叮嘱我,要我代他向您致谢!"

我感动得有点不好意思了,赶快把自己最近了解到的关于这个"庄"字的故事背景,原原本本地讲了一遍:"我问过了,其实那个'庄'字,是过去我们前庄村人出外捕鱼,讨口彩而有意加上去的,希望鱼打得多一点,日子一点一点地好起来。根本不算错字的。"

"哦,还有这种说法。"谷斯涌老师深情地说,"金近老师为人特别谦虚,诚恳,好多事本来就不是他的错,但他总是自责。"

"但愿他能早点恢复健康,我们学校的孩子们真想见见他。"我说得婉转,其实我自己才是最急切地盼望着跟金近先生握个手,合个影。因为,自这个"庄"字事情之后,他已成了我的精神之父。

"他一定会来的,因为他还没有当面向你致谢!"不愧都是搞儿童文学的,谷老师的话也说得活泼、幽默。忽然,谷老师想起了一件事,从随身的书包里拿出一本书,递给我:"差点忘了,这是金近老师新出的一本书,他要我送给您,说可能对您写童话有用。"

我接了过来,是一本崭新的散发着油墨清香的书,书名叫《童话创作及其他》,一看就是金近先生的笔迹。打开扉页,是金近先生用蓝色钢笔的签赠:何夏寿老师雅正!再一看,签的还是上个星期的日子。

听着谷斯涌先生的讲述,捧着先生送上的书籍,特别是先生依然活泼有力的签名,我想象着不久的将来与先生见面的景象该是如何的温暖与美好,神圣而自豪。

那天晚上,我做了个梦。农历八月十八,家家户户的园子里,桂花怒放。满村子的空气都像被桂花过了滤,香得连癞头狗也可抱着亲吻。村西边的五龙庙里吹响了咿哩哇啦的号子,一批画了眉抹了粉的汉子抬着威威武武的元帅菩萨,神圣而庄重地走出了庙门。有人在高喊:"庙会开始喽!"于是,戏班子的锣鼓家什敲得欢快激越,舞狮的队伍跳得热情奔放,看热闹的老人、孩子、妇女,兴奋得像上紧了发条,拍疼了手还在使劲地鼓掌,喊破了嗓子还在用力地叫喊。这时候,金近来了,一身家乡青灰色的对襟衣衫,款款走来。他真的来了,来到了他写了无数次"看家乡庙会"的现场中,来到了他多少回魂牵梦萦的故乡前庄村。

我迎了上去,他也认出了我。我们的手紧紧地握在一起。他再一次对我致谢,说我帮他改正了"庄"字。我说没错没错,就这多加的一点,恰恰证明了您是地地道道的前庄村人,因为我问过老人们了,这一点是我们前庄村人希望日子一点一点好起来的彩头。金近笑了,笑得跟我的老父亲一样,爽朗舒心,可亲可敬:"是的,一点一点,我们前庄村人,从来都是老老实实,规规矩矩,一点一滴,从不夸夸其谈,好高骛远。"

"对的。您的身体也在一点一点地恢复健康,是吧!"我主动伸手去握他,这下,我的梦醒了。

可是,梦与愿违,就在谷斯涌先生回去后不久,7月9日,我从广播里得知,金近先生因为脑溢血再度复发,终于离开了这个处处让他留恋、感恩的世界,离开了他一直想回但终究没有回成的故乡。

望着校门口高高悬挂着的"前庄完小"四个金色大字,我的泪水流得连成一线,又断成一点,一点……

"金近老师,我们一定等您回家!"我在心里默念着。

几年以后,我做上了学校校长,征得金近夫人的同意,我将学校更名为金近小学,校内塑起了金近先生的大理石像,建起了金近先生纪念馆。

每天早晨,沐浴着新一轮升起的朝阳,踏着学校广播里金近先生的《劳动最光荣》的歌声,凝望着广场正中含笑端坐的金近塑像,穿过全天开放的金近纪念馆,我忽然觉得,谁说我和金近素未谋面,谁说金近没有回家,其实金近先生一直和我相亲,永远生活在他热爱的故乡大地。

第六章 收藏阳光

 树 根 深 深

我相信命运。命运安排给你的好人,无论你穷困潦倒抑或一文不值,也会不声不响,不离不弃地降临到身边,让你时时感受到生活是如此的眷顾你,垂爱你,世界是那么美好。

1996年,上级任命我为四埠乡中心小学校长。四埠,原是绍兴市上虞区的一个乡,有近20000人口。四埠乡中心小学是该乡一所最大规模的小学。学校建在乡政府旁边,和当时所在地的其他事业单位一起,共同组成全乡的政治文化中心。20世纪80年代,处于最鼎盛时期的中心小学拥有学生256人,下辖10所村小。到了20世纪90年代的第3个年头,上虞撤乡并镇,原四埠乡划归附近的沥东镇管辖。此后,四埠乡中心小学便成为沥东镇小下属的一所完小。

沥东镇和四埠乡相依相偎,兄弟乡镇。沥东镇小和四埠乡小都是教委直管的平级单位,平起平坐的兄弟学校。但仅仅因为撤乡并镇的缘故,这两所学校的身份产生巨变,沥东镇小荣升"父亲",四埠乡小学降格成"儿子"。老校长感叹人老珠黄,壮志难酬;老师们更觉"国"亡"家"败,年华黯然。

在老校长的多次推荐下,我走上了四埠乡中心小学的管理职位。

大凡新官总带着三把火。上任后,我不无"火气"地对老校长说,我们学校远离镇上,乡政府又撤了,生源不好,周边也没有辅导班之类的培训机构,光拿应试成绩和镇上学校比肯定没有优势,我们能不能在不放弃学科质量的同时,走特色办学之路,说不定能闯出一条路来。老校长很同意我的想法,鼓励我试试。可是我也不知该从什么地方着手,从哪个地方去"放火"。

有一天,我们市里有位老作家来找我聊天,说起了省作协儿童文学创委会暑假里有个青年教师文学培训班,动员我去参加。我一听,当场报名。

那年8月10日,我和青年教师李立军来到了浙江省文艺大厦。参加正在这里举行的浙江省首届儿童文学新人创作培训班。

培训班开始的第一天,开幕式上来了许多领导,主持会议的是个瘦长老头,头发稀疏,长着两颗大门牙,要不是肤色有点白净,我还以为他是刚从地里种完庄稼赶来的老农。

"老农"的主持风格也很"农味",他介绍台上就座的领导时,会从主持人位置上走到领导跟前,拉着人家的手,报上一通人家的头衔,还讲一些自己和他的交往,讲得絮絮叨叨,像在拉家常。我觉得有点发笑。旁边的郑志刚老师小声地对我说:"他叫倪树根,是浙江省儿童文学创委会主任,为人很朴素、亲和。"

哦,他就是倪树根啊!一个好有名的大作家,前些日子,我还刚教过他写的童话《笋芽儿》的课。这么一位有名的作家,今天竟然降临在自己身边,我像历尽千辛万苦的追星人,终于追到了心中的偶像一样,心激动得怦怦直跳,双眼一眨不眨地追随"老农",怕他天外来客似的转瞬即逝。

我承认自己有"心"无"胆"。在培训的十天时间里,虽是天天见到敬爱的"偶像",就像星星天天环绕着月亮,而从来不曾和月亮相拥。直到培训班就要结束了,我也不敢对倪树根主任去问个好,握个手。我自卑地想:人家是著名作家又是作协领导,是大树。而我,一个乡村小学的老师,连棵小苗都算不上,怎么能有资格和大树对话。

但缘分往往是注定的。培训班结束返程的那一个下午,有人提议,为方便今后联系,让参加培训的老师自我介绍所在学校。轮到我时,我拘谨地说:"我来自上虞区四埠小学,可能大家不知道四埠,但是大家一定知道《小猫钓鱼》。四埠就是《小猫钓鱼》的作者,著名儿童文学家金近先生的故乡……"

我的介绍还未完,坐在台上的倪主任好像中了大奖似的,兴奋得两眼放光,他急不可耐地拿起话筒,用激动得有点发颤的声音,大声说:"真没想到,我们的培训班上,还来了金近同志故乡学校的校长。这位校长,你叫什么名字?"

还没等我回答,"偶像"又开始拉家常了,这次他讲的自己怎样和金近先生认识,后来在北京开会,金近先生邀请他去家里吃饭,还补充说金近先生在浙江做过作协领导,也到过他们家,等等,他讲得很专注,很投入,完全沉浸在回忆之中。事后,我知道,原来倪树根主任跟金近同志有着长达几十年的交往,那深厚的友情,恐怕一次会议还说不完。尽管金近先生逝世已近10年,但他对老友的思念从没有因阴阳相隔、时间蹉跎而淡化,这次意外碰到来自金近故乡的老师,那份亲切与欣喜自然溢于言表。

大约讲了十来分钟的昔日"行路难,多歧路"故事,倪树根先生突然话锋一转,颇有豪情地说:"金近先生是我们浙江文学界的光荣和骄傲,他为浙江儿童文学的发展作出过极大的贡献。金近故乡的小学如果能开展儿童文学教学,我们省作协儿童文学创委会一定会给予大力帮助和支持的。"他说得大有"直挂云帆济沧海"之势。

终于找到"放火"的点了,我高兴得差点跳起来。

就要离开这个温暖而快乐的会场了,倪树根主任健步从台上走到我的身边,一把拉住我的手,像父亲看着久别的儿子,关心地问我学校里的情况。我告诉他学校地理位置不好,办学质量也不是太好,师资条件也不行,想搞特色也不知从何入手。他听后,鼓励我说,你年轻,有思想,学校可以从童话入手,让孩子们多读童话,多讲童话,小学生就会喜欢读书,他们喜欢读书了,学校就会一点一点地好起来的。也许他觉得这样说还不足以增强我的信心。他再次重复,若在童话写作方面需要帮助,他一定会尽力而为。

我握着他有力的手,觉得自己真的碰上了"童话",那样美好,那样诗意。

从那以后,我们开始了十分密切的交往。起先,我称他为倪主任,慢慢地,我改变了称呼,有一次,我竟脱口而出:"倪伯伯。"

他爽朗地笑道:"这称呼好,这样我们就成亲戚了。"

成了亲戚的倪伯伯,对我眷顾得更多了。

在他的指导下,我确立了童话教育的办学理念,开展了以童话为载体的特色办学实践。倪伯伯亲自来我们学校,辅导孩子们写童话。为加强指导,他还选派全省知名儿童文学作家,来我们学校免费讲写童话。孩子们在省内外报刊上发表了几十篇童话习作,倪伯伯高兴地直夸我工作做得好。其实,我知道,这哪里是我的功劳,我知道,我们学生投寄出去的好些稿子,都是倪伯伯给人家杂志社写了推荐信,不看僧面看佛面么。当然,倪伯伯从来不说,他为了我们的自信;我也从不提起,让倪伯伯看到我们多么自信。

但是,有一件事,倪伯伯几次对我说必须这样做,我也几次对倪伯伯解释我无法这样做,但他还是像个认死理的老农,一定要我千方百计地去做成。这件事,就是将学校更名为金近小学。

此话说起来有点长。随着童话教育的实践开展,倪伯伯大概觉得我这个校长做得还可以,几次鼓励我向当地请示,将四埠小学更名为金近小学。我觉得倪伯伯说得极是:这不光让一代一代的孩子记住乡贤金近,更便于学校进一步开发资源,办好学校,造福一方百姓。当我把自己的想法向当地政府领导汇报后,他们提出了自己的看法:四埠是一个地名,从清末沿用至今,在当地具有广泛的知名度。如果冠以金近命名学校,不但当地百姓会觉得别扭,甚至会让人家不知道这所学校设在哪里。

学校毕竟是属于政府主办的,人家东家不愿意的事我这个打工的自然回天无力。

可倪伯伯不死心。

1999年11月9日,倪伯伯打电话给我,说是中国作协书记处书记高洪波同志将于明天来我校参观。"啊,中国作协领导来我校,我不会听错吧!",那感觉,仿佛自己真成了跳上龙门的小鲤鱼!

"是真的。省作协已经打电话给你们市府办了。"倪伯伯在电话那头说,"我把高书记请到你们学校,除了让高书记感受你们的童话教育,还要利用高书记的影响,争取将学校更名。"

哦,这倒是个极好的主意。可是高书记会配合吗?倪伯伯在电话那头爽朗地笑道:"高书记这边没问题,明天只要我和你演好'双簧'就好了。"

第二天上午,阳光好像迎客似的,笑得特别灿烂,把冬天整理得很温柔很舒适。

贵客来了。高书记乘坐的小车驶进了学校大门。倪伯伯第一个下车,这应该是他第5次来学校了。紧接着,是高高大大的著名作家,中国作协书记处书记高洪波先生及他的同行。另一辆车上,下来的是上虞市委副书记卢一勤同志,当然还有我们镇的镇长、分管副镇长,等等。

倪伯伯好像回到了自己的家里,边走边向高书记介绍学校情况,还要我带着高书记参观校园。一所小学校的校园实在没有什么可看的,除了一幢丁字形的教学楼,便是一块小小的煤渣铺成的运动场,几棵才种下不久的小樟树。

倪伯伯暗暗地对我递了个眼神,我忽然想到,我们的"双簧"应该开始了。根据昨天电话中的"密谋",我把客人们带到我们的雅室——少先队队室。

与校园中的其他建筑相比,少先队队室感到鲜亮了许多,尤其是队室四周墙壁上布置的介绍金近先生的展板,吸引了高洪波书记的眼睛。作为一名作家,自然关心学校的文学教学,何况置身在金近先生的故乡小学里。

金近先生是高洪波先生的领导,曾经给高洪波先生的创作给予过指导,高书记一边看,一边向陪同领导讲着自己与金近先生交往的故事,其中的生活趣事,创作背景,大大地扩充着展板的内容,陪同的领导们都听得入了境。

但我没有"入境",我知道自己不能"入境",因为我的任务是"唱戏"。可怎么开口呢,我紧张得手心发热。

这会儿,高书记对陪同的领导们历数着浙江文学界的知名作家,讲到鲁迅,还讲到了他去过鲁迅中学、鲁迅小学。他说现在有很多地方,文化意识特别强,名人文化引起普遍的重视,比如用名人名字命名学校,这是种很好的文化保护和传承举措。

锣已敲了，幕也启了，我必须出场了。我将早已准备好的关于将学校更名的设想，像背台词一样地当众"背"了一番。

高书记毕竟是高书记。一等我说完，他一脸喜色，对一旁的市委卢副书记说："这是件好事。我看金近不但属于沥东镇，也属于上虞，卢书记能否在全市范围内找一所合适的小学，将那小学更名为金近小学。然后学校以金近的童话开展教育，办出特色。这是一件功在千秋的好事。"

时不我待，眼见得本镇资源，将拱手相让给别的乡镇，镇长觉得自己太失面子不说，而且也失将里子。还不等卢副书记接话，镇长抢绣球似的说："这件事，我们镇里昨天专门论证过，我们已经打算将四埠小学更名为金近小学。今年年底办妥此事，新年第一天起，学校更名为金近小学。"

到底是镇长，说得雷霆万钧。

倪伯伯送来了祝贺的眼神，我回赠了感谢的目光。我们心照不宣地共庆"演出"成功。

果不食言，新千年的第一天，镇里请了市镇一大批领导，共同庆贺学校更名为"金近小学"。那次，倪伯伯没有来。他在电话里对我说："打仗我参加，庆功就免了。"

倪伯伯说得就跟他写的童话一样，轻松，幽默。

而我无论如何也没有想到，其实这段时间，倪伯伯因过于"亲热"我，正遭受着别人的非议。甚至有人还专门向作协领导告了倪伯伯一状。罪名有三条：一是私心极重，到学校谋私利，收讲课费；二是滥用职权，任意让这所小学的多位老师参加培训，其费用在作协专项经费中开支；三是自由主义，擅自将"浙江省青少年培训基地"的牌子授予这所小学。

而当时我是不知道这些的。

一年后，倪伯伯的好友——浙江省作协儿童文学创委会副主任吴光松老师，来我校讲课时，告诉了我关于倪伯伯受到非议之事。他说，为这事，七十多岁的老倪还专门向作协领导进行书面解释。吴光松老师补充说,老倪人好,根本不可能做假公济私的事。

事实上,倪伯伯来我们学校讲课不但不收一分钱的报酬,而且总是自掏来回车费;至于我们学校每年选派老师参加培训,都按规定交了费;至于牌子的事,连作协自己都觉得简直就是笑话,既然以作协的名义授牌,原本就是经过作协党组审批的,根本不存在自由主义。

想不到,倪伯伯这么潜心帮助我们,竟然为我们遭受了无故的冤枉,我觉得十分过意不去。

我选了一个日子专程去杭州看望老人家。待我把话挑明后,他依然爽朗地大笑着,好像谈论别人似的,大声说:"他们爱说爱写,那是他们的事。我们谈我们的。"他这一说,弄得我倒不好意思在背后去非议人家。

望着倪伯伯越来越稀少的头发,越来越深陷的眼眶,我感动得眼睛阵阵发热,话讲得有点哽咽:"倪——伯伯,谢谢您!"

"不用不用。"倪伯伯的嘴唇喏嚅着,许久没有说出话来,我发现他浑浊的眼睛里泛着亮光。他大概也发现我在看他,稍稍背了一下身子,出乎意外地说:"何夏寿,其实我应该谢你。"

"您谢我什么?"我被说得不好意思极了。

"你们教育中有个叫什么原则——"倪伯伯停下了,呷了口茶,他在竭力回忆那个原则,"哦,叫因材施教。"

我不知这个"因材施教"跟我们的谈话有什么关系。

"我觉得搞教育要因地制宜,你们那里有金近,用好金近的童话资源,这就叫因地制宜。"

刚才说因材施教,现在说因地制宜,我被倪伯伯说得有点糊涂了。

"你们利用童话,激发学生兴趣,开拓学生想象,这样就是因材施教。"倪伯伯示意我喝茶,他自己也喝了一口,随后,一脸认真又诚恳地说,"这几年来,你用家乡名人金近,利用小朋友喜欢的童话,在因地制宜、因材施教方面开展了实践,你们学校现在已经是浙江省示范小学了。你的探索,为我们儿童文学与儿童教育携手共进,提供了很好的经验。你说,我们儿童文学作家要不要感谢你!"

"这么说来,倪伯伯您还真有私心哪!"我笑道。

"是啊,你的私心为教育,我的私心为创作。"倪伯伯的笑,灿烂得如同天真无邪的小孩,他开心地指着自己又指着我说,"其实,我们都为共同的人而私心。"

"为谁?"

"为孩子啊!"

到底是写了一辈子儿童文学的老作家,他心中,珍藏着孩童。

我忽然觉得倪伯伯太对得起自己的名字:倪树根,一棵浙江甚至中国儿童文学界的大树,不管枝多繁叶多茂,干多壮身多高,他的根始终扎在儿童心田里。因为,树根知道而且深爱——那一块永远充满朝气,充满芬芳的沃土。

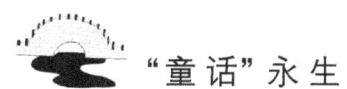"童话"永生

整整一星期,我都无法安静地入睡。我把身子侧向牵挂的方向,在那个地方,两百多公里之外的病房里,黄教授正静静地躺在病床上,与死神作着一次次的抗争。

认识黄云生教授还是在1999年8月,那是在一次浙江省作协儿童文学创委会召开的年会上。

会议用餐比较早。一天晚上,晚饭以后,我去隔壁房间看望省作协儿委会主任倪树根先生。倪伯伯(倪树根)正在和一位头发花白的老人喝茶聊天。见我进去,倪伯伯笑着对那老者说:"说到曹操曹操就到,这位就是金近故乡小学的何夏寿校长!"

原来他俩刚才正谈我的童话教学。

老者很热情地伸出手,我握着他的手,很自然地看着他。老者约摸六十来岁的样子,白多黑少的头发有点卷,方脸,肤色较黑,眼袋很大,像是两颗老橄榄,一看就知道是一个经常和休息过不去的"劳动模范"。

"何校长,您好!"老者一副彬彬有礼的样子。

这句话由我来说才是。我太受之有愧了。可是,我实在不知道该怎样称呼他。我用求救的目光看着正哈哈大笑的倪伯伯。

"我忘了介绍。何校长,他是浙江师范大学教授,也是中国作协会员黄云生老师!"倪伯伯终于意识到自己的"红娘"角色,赶快"亡羊补牢"。

啊,原来这位就是大名鼎鼎的黄云生教授。在此之前,我早听说浙江师范大学有这样一位儿童文学理论家,专门研究儿童文学教育,出了好多的研究成果,同时我还知道他是浙师大儿童文学研究所的所长;此外,我进修大专的时候,读到过由黄云生老师所编写的《儿童文学概论》。有一次,我们还考到过这本书里的内容。今天,这位名

教授从书里走到我的眼前,我好幸运啊!

倪伯伯一贯好客,没想到黄教授热情有加,加上我求学心切,于是,这一个晚上,我们围绕着学校如何开展童话教学,聊得连星星也不耐烦地睡觉去了。就这样,我的童话教育里又多了一位"靠山"。有一次,我在电话中对黄教授说了学校想编一本童话校本教材的设想。黄教授听了,十分支持,并自告奋勇地说,到时他会帮助我们组织选文。

2000年11月30日,我和李立军从上虞坐汽车到杭州,又从杭州坐火车前往金华浙江师范大学。因为,黄教授已经在教学之余,为我们选评了一些优秀童话作品,第二天,黄老师要在浙师大儿童文学研究所,约我们开个小型的教材编写座谈会。

由杭州开往金华的火车经过近四个小时的走走停停,停停走走,终于将我们带到了金华火车站。此时已近晚上八点。一出车站,才发现外面暴雨如注,我们后悔没带雨具。

眼看这雨一时半刻停不了,想想好客的黄教授还在宾馆等着我俩,我们像军人接到任务一样,冲进了雨幕,站在路口等出租车。可出租车在雨天红得就像高贵的公主,放出刺眼的光亮,一辆一辆地从我们身边扬长而过,还溅起一串长长的水葫芦,蛮横无理地喷射到我们的身上。气得我们发誓永远不坐出租,看你明媚光鲜到几时!

可牢骚归牢骚,心底里还是希望能有一辆车子发发善心。说实话,肚子早就在唱空城计了,加上冬雨阵阵,寒气逼人,我们已经走到了饥寒交迫的境地了。

"嘎吱——"一声,一辆出租车稳稳地停在我们的身旁。此时,我才深切地体验到什么是救命稻草,什么是雪中送炭。我们抱着感恩戴德的心情上了车,刚才发过的誓言早就忘得一干二净了。

车子将我们带到了位于金华市郊的浙江师范大学。根据黄教授在电话中的吩咐,我们来到了师大红楼招待所。我们俩刚下车,黄教授和他的一帮研究生,顾不上正在下着大雨,一起从招待所里跑出来迎接我们。黄教授打趣地说:"金近小学来的都是小鲤鱼。小鲤鱼是离不开水的,所以何校长他们一来,天公就用雨水厚待他们。"被黄教授这么一说,我们还要感谢天公作美了。

还没等我们说些什么,黄教授把手一挥,像是指挥一场战争一样:"走,现在,我们进餐厅为两位校长接风去!"这时,我才知道黄教授和他的六位研究生为等我们还没有吃晚饭。黄教授把我们带进了餐厅,餐厅里开着空调,很温暖,餐桌上放好了满桌子的菜,冒着诱人的香味。我注意到,餐厅墙上的挂钟,已指向晚上9点30分。

第二天一大早,黄教授带我们去了浙师大。这是我第一次走进这所神圣的学府。黄教授像位训练有素的导游,带着我们边走边讲,讲浙师大的昨天,如何艰苦办学;讲浙师大的今天,学校正在走向辉煌。黄教授讲得感情真挚,风趣幽默。我贪婪地听,贪婪地看。

终于我们来到了黄教授一直对我们说的红楼了。我知道,红楼就是浙师大儿童文学研究所。这是一栋颇具传统风格的老楼。楼不高,只两层。整栋楼的外观除了墙面是青灰色的,其余的门啊,窗啊,瓦片啊,屋脊啊,一律都是红色的。一栋占地约四百平方米的红色小楼,静静地隐居在参天的树木丛中,很容易让人想到红楼的谦虚和优雅。

黄教授把我们带到了红楼二楼的会议室。黄教授的六位研究生早就等候在室内了。待我们坐定,黄教授说话了:"我们能帮金近故乡的小学编写童话校本教材,这是我们研究生的光荣。大家要借这样一次良好的实习机会,用两个月左右的时间,在古今中外的童话故事中,挑选出最经典的童话名篇。然后,根据不同年级小学生的认知特点,从中精选出部分作为教材,到时,所有的篇目都要交给我看一下。现在请大家先讨论一下,童话教材的入选标准。"

于是,黄教授和研究生们,一一开始对话,探讨,商议。我第一次看到大学教授与他的研究生之间,围绕一个观点,能作如此深刻而各异的交流。

很快,两个多小时过去了。在会议总结里,黄教授特别强调:"还有一点必须讲清楚,金近小学是一所农村小学,办学条件困难。何校长是我的忘年之交,他为小学生能获得基础的文学教育正四处奔波,我们研究生要学习何校长的这种精神。具体体现在支持何校长的工作,所以这次编书我们不能收何校长他们一分钱的补贴。这作为一种纪律,希望大家自觉遵守。"

多纯粹的好人!黄教授要我说两句。那一次,面对着黄教授和他的研究生,我竟像木偶似的,说不出任何话来。

从浙师大出来,黄教授还将我们带到了他家里。在他宽大的放满书的书房里,他向我们进一步传授了怎样以童话为载体开展素质教育的途径和方法。他讲得有理有据,严丝合缝,将童话在教育中的功能作了十分详尽的解读。同时,为了帮助我们理解并付诸实践,还将自己编写的《人之初文学》《黄云生儿童文学理论》等书籍送给我们。

中午,黄教授还热情地招待我们在他家吃饭。黄教授喜酒,立军又能喝酒。我不会喝酒,但喜欢看喝酒。黄师母给我泡上一杯香茶,黄教授戏说酒水不分家。于是,我们三个边喝边聊,聊教育,聊童话,聊金华古城,还聊他自己的身世。黄教授告诉我们,他的名字是母亲取的,他父亲在云南修筑滇缅公路累死了,他是遗腹子,所以叫"云生"。

临行时,黄教授拉着我们的手,一再说,你们学校开展童话教育的方向绝对富有远见,是条很好的路子。学校在具体操作中有问题,可以随时电话联系。如果有时间,我会到你们学校去亲身感受你们的童话芳香。

黄教授果不食言。他负责选编的童话作品,比预计时间提前了20多天寄到我校。特别令我们感动的是,他还亲自为我们写了一篇长达5 000多字的文章,阐述了童话教育的理论依据和教育意义。次年春天,他真的专程来到我们学校,为全校(当时其实是全市的语文老师)教师作了生动的讲座,并帮我校提炼了"素质教育童话化"的办学理念。临走时,黄教授邀请我暑假再去他家,进一步探讨童话教育如何从理论上形成自己的体系。

第六章 收藏阳光

然而,智慧的黄教授,无论如何也没有想到,病魔早已妒忌于他,紧跟于他。只是,黄教授忙得根本没有时间去注意。

一放暑假,我给黄教授去了电话。他不接。我以为他出差了,或者讲课去了。到了第二天,我再拨他的手机,还是没人接。我觉得有点意外。自从我认识黄教授六七年来,他做事总是那样严谨,而且十分通达。他的手机上应该存有我的名字,平时我去电话也有不方便及时接听的时候,但他忙完事后,每次总会及早回电,而且次次向我说明不接的原因,仿佛不说明,就得不到我这个客户的好评。

我有点担心起来。第三天一大早,我又拨响了黄教授的手机。

这次,有人接了,但不是黄教授,而是一个很低沉的女声。她一开口喊我何校长,并告诉我她是黄老师的女儿。我觉得不妙,问非所问:"请问黄教授在吗?"

电话那头的声音更轻了,但还是能够听得清楚:"爸爸身体不好住院了。"

"住哪里,我去看他。"

"谢谢何校长,过几天我爸爸好点后,您再过来吧!"

听声音,黄教授的病可能不轻,但我不敢再问了。挂断电话后,我打电话给浙师大另一位教授。那位教授告诉我,黄老师得的是肝癌,已经昏死过去多次,现在重症病房。医院禁止任何人探视。

这简直就是一个霹雳,把我炸晕了。

我一直知道黄教授有点小病,但没想到三个月前还在我们学校礼堂讲课的黄教授,现在居然危在旦夕了。这命运真是残忍透顶!

我真的无法入睡。每天晚上一躺下,我就会想起和黄教授在一起的情景。黄教授帮我做了很多事,陪着我走了很多路,但此时他被病魔缠身,而我却什么也无法帮他分担。

望着窗外满天的星星,我绝望地知道,此时,黄教授的生命已经如同风中摇曳的火花,随时都会熄灭。终于,一个星期之后,我收到了周晓波老师的电话,她告知我黄教授已经谢世。

我知道,一个人,即使是全世界都公认的好人,一旦他要去往另一个世界休息,我们谁也无法挽留。我们唯一能做到的,就是把他留在我们心里。

我和立军来到了黄教授老家——浙江浦江县,在一片绿树掩映中,找到刻有黄教授名字的墓碑。我们叩拜了黄教授,为他送上了他为我们选编的《童话》教材,送上了他喜欢喝的绍兴黄酒。

这时候,树上的知了脆脆地叫了,想是报告黄教授有人来了。我忽然想到,黄教授不是约我暑假再见吗?我们还真是再见了,只是见得非同寻常,见得让我流泪。

教育:生命的向善(跋)

周一贯

在世纪之交的时段里,我曾应聘为绍兴市小学语文名师研修班的导师,才有了与何夏寿老师的相遇之缘。其时,他是上虞金近小学的校长,以童话教育治校,可谓头角初露。

今天回忆起来说是"有缘",并非虚语妄言。因为在众多的农村小学教师中,他称得上是一个颇有传奇色彩的人物。

首先是生命的传奇。他三岁时,因一场严重的高烧,使右腿留下了残疾。本该是灿烂的童年,然而他所接受的却是"丑小鸭"的失落和无奈。成年之后,在农村极其有限的求业条件下,加上行走不便的残疾,连高考的机会也没有,他好不容易当上了代课教师。这本来就已经是一个"传奇",然而令人意想不到的是他什么门路也没有,就凭格外勤奋地工作和上了几堂得到充分肯定的公开课,成了全县唯一一位由代课教师转正(其余都是民办转正)的国家正式教师。在一个分明是弱势的生命里竟流淌着强势的血脉,这不能不说是一个传奇。

同时,他还是农村小学校长的传奇。1996年初,教育局任命他为家乡四埠乡中心小学的校长,这是一所才200来个学生的村庄小学。然而他并不安分,凭着他童年就爱读童话书所获得的启蒙,硬是把四埠乡中心小学改名为金近小学。他以童话作家金近为学校命名,不仅是因为金近是老乡那么简单,而是因为他深信童话有无穷的教育魅力。于是"童话"从语文课堂教学走向德育领域；由儿童写作拓展为治校方略；从童话读写遍及"素质教育童话化"……他的校长经验受到了市、省乃至教育部的关注和重视，几十次大大小小的现场会，络绎不绝的外地参观团，竟把偏僻的四埠变热闹了。可是他，还是一如既往，有滋有味地当着那个农村小学校长。

另外，他又是一位名师的传奇。当校长难，当一个好校长更难，难就难在事务缠身，忙于应付，而冷落了课堂教学。然而他并不按这个常理出牌。2008年，他以"童话育人"的学术建树被评为德育特级教师。然而在语文教学领域，他一样体现了一位"名师"的不可替代性。2009年，他开始系统开发"乡土语文"，把民间儿童文学引入到小学语文课堂。第一堂"民间童谣课"，在杭州"千课万人"的会场上引起了好评如潮的轰动，全国各地相邀的函件，竟让他一时难以招架。以后，他又开发了民间故事、民间戏剧、民间童谣系列课程……一石激起千层浪，这些课程资源的开发，在小语界引发的连锁反应，也颇有传奇的色彩。

作为名师不仅要立德、立身，还要立言。在这一方面何夏寿也是一样具有传奇色彩的。请别以为凡传奇都是波澜壮阔、惊心动魄的惊世骇俗之举。踏实做事、低调处世、勤奋敬业而毕生坚守，也一样具有传奇的意义。比如对教育，他以自己的识见诠释，展示的是不一样的姿态：他不仅发表了不少童话教育研究文本，更令人惊叹的是以教育散文的体裁，有十几篇之多发表在《人民教育》上，令人刮目相看。这些散文有写务农的父亲，一字不识的母亲，呵护弟弟的姐姐，故事不断的学生，坚守农村教育一辈子的老师……似乎都在告诉我们，教育到底是什么。在朴实中见激情，于平凡处显奇崛，读了令人心潮澎湃、不忍释卷。这些来自真实生活的人和事，竟似乎都在回答一个人类最庄严的话题：教育只是生命的向善。向善者，简单地说就是想别人的好，帮别人的好。这正是教育的本义所在：对每一个生命成长发展的呵护。它与行业无关，与经验无涉，甚至与学历、理论都没有必然的联系。这也许只是一种境界。人的最高境界是天地境界,天地境界就是对人生的超越。人生无法免俗,难免会有利与弊的算计,"我"与"他"的较量,功与过的忌惮。而超越了人生,就可以纯化为最简单的一句话:让别人好,让每一个人好。这是一种人格力量、人性品位。现在,这些脍炙人口、能致深省的作品,已汇集为一本著作出版,是名副其实的《爱满教育》。大半个世纪前,有一位上虞老乡,受人尊敬的夏丏尊先生,把《爱的教育》翻译到国内,华夏为之震动;而今天《爱满教育》的面世,世人也应为之瞩目吧。

赏读这部书稿,闻着油墨的芳香,聆听文字的吟唱,我感受到的是一个强劲的韵律:教育不是别的,只是生命的向善。无论是专家、学者,还是农夫、村妇,所有善良的人们都会从心灵深处明白这个真理。雨果说:"善良是精神世界的太阳",《爱满教育》显得如此朴实,但却十分深邃,它正概括了教育世界中这一最正派的精神脉络。这应该是本书不可不读的理由吧。

2015年6月7日于容膝斋

(作者系著名语文教育专家、特级教师)

www.ingramcontent.com/pod-product-compliance
Lightning Source LLC
Chambersburg PA
CBHW080449170426
43196CB00016B/2736